星ひとみの天星術

2024

月グループ

満月

FULL MOON

Star Eyes

HITOMI HOSHI

Happy Message

楽しいことが大好きで
柔らかい波動をもっている満月のあなた

自分が楽しむことを忘れ
無意識に周りを気遣って
人を楽しませてしまうことがある

周囲の期待に応えたいと
ついつい頑張りすぎてしまい

知らず知らずのうちに
疲れ切ってしまうこともあるでしょう

本当は自分のペースが大切な人
命のエネルギーを削りすぎず
自由にのびのび生きて欲しい

あなたはもっと
もっと自分を大切に

ゆっくりと焦らず
楽しみながら人生を歩むことを考えて

好きなことに没頭する時間があってもいい
毎日の小さな喜びを大切に

無理にやり続けるより
飴と鞭のように
“自分を癒す”を第一に

人の目を気にして
あれこれ考えるよりも

あなた自身に幸せをあげて

“大丈夫”

少しずつ気持ちが前に向いたなら
暗い夜道にキレイな月の光があなたを照らす

さあ、今からもう一度スタートです。

PROLOGUE

★ はじめに ★

皆様こんにちは、星ひとみです。

『星ひとみの天星術2024』を手にしていただき
またお会いできたことをうれしく思います。

この時代に皆様と出会い
天星術を通じ、つながることができた今に
心から感謝いたします。

この1年があっという間に過ぎたように感じた方も
逆に長かったなと感じた方もいるでしょう。

人生を満喫するために、生きるために。

笑ったり、怒ったり
挑戦したり、悩んだり。

なぜ自分だけがこのような目に遭うのかと
ときに苦しみ、前に進めなかった人も——。

心、生き方、歩む道のり。
人生に決めつけはなく
災いは回避し
苦しみは手放すことができる——。
私はそう信じています。
そして
あなたを照らす“光”はちゃんとある。

昨年に続き今年も、少しでも皆様の支えとなれるように
長い時間をかけて仕上げさせていただきました。

私のオリジナル鑑定法の「天星術」にも
生命の“光”が宿り
毎年少しずつ、ゆっくりと成長し、時代に合わせ、
私たちと一緒に動いています。

自分はダメだと決めつける必要はなく、
“影”や“リセット”の月でも、怖がる必要はありません。

自分の運命、
自分のリズム。

そして“光と影”。

あなたの今がどんな流れ《リズム》なのかを読みとり
一緒に進んでいきましょう。
私たちは生まれた瞬間に、星と光のエネルギーを受けて
それぞれの流れ《リズム》を授かります。

エネルギーは、月、地球、太陽の3つの天室に分かれ
「天星術」では、1つの天室を、さらに4つの天星に分けて見ています。

月グループは、満月、上弦の月、下弦の月、新月。
地球グループは、空、山脈、大陸、海。
太陽グループは、朝日、真昼、夕焼け、深夜。

PROLOGUE

天星には、それぞれナンバーがあり、あなたの星を知ることができます。
また、あなたの生まれた年で、運気が「赤」と「白」に分かれ、
2024年は、さらに深く運気を知ることができます。

中身を少し具体的に紹介しますと、
まずは、あなたの性格についての最新版トリセツ。
開運キーワード、12天星別の相性をお伝えするページから始まります。

次に、1年間という大きな視点で捉えた、2024年の運気や、
グラフで示した運気バイオリズム、
月ごとの開運メッセージと開運行動、天星ナンバー別の「赤」と「白」に分かれたお言葉、
さらに運気を、1日1日という点で捉えた毎日のメッセージがあります。

特に、全部で12ある天星をさらに細かく見て、
今年、今月のあなたがどんなリズムをもっているのか、
皆様の天星ナンバーの「赤」と「白」別に占っておりますので、
【2024年 天星ナンバー別の運気】【天星ナンバー別 今月のお言葉】に、
注目してみてください。

このように、あらゆる角度から運気を読むことで、
「今がどんな時期か——光なのか影なのか」「どんなことをすると幸せを感じられるか」
また「どんなことに気をつけたら不運を回避できるか」を分析することができます。

どこを読んでも、人生の“今”のヒントとなる言葉に出会えますように。

後半ページでは、「他の天星のプロフィール」も載せています。
自分を知り、相手を理解できたとき、素晴らしい関係となれるように
家族、お友達、仕事仲間、そして気になる人との付き合い方の参考にしてください。
まずは難しく考えず、肩の力を抜いてみましょう。

誰もが幸せになるチャンスがあります。
決して諦めなくていい。

あなたが幸せになるための
“キッカケ”となれたなら幸いです。

12天星別『星ひとみの天星術2024』
今日からあなたのお守りに。

皆様の1年が幸運の光につつまれますように。

自分を知り
今のリズムを知る
あなたの心に光を

天のエネルギー
星のエネルギーを“贈り”ます。

“あなたは大丈夫”

星ひとみ

CONTENTS

ASTROLOGY

天星術について

★ ★ ★

「天星術」は、中国に古くから伝わる東洋占星術をベースに、
さまざまな統計学や人間科学、心理的要素などを取り入れて作り上げた、
星ひとみによるオリジナル鑑定方法です。
時代とともに変化する“今”に合わせ、
進化させるべく研究を続けてきました。
生まれた日のエネルギーが、
月、地球、太陽のどのエネルギーの影響を受けているのか。
みなさんのエネルギーは、3つの天室に分かれ、
さらに4つの時星に導かれ、12の天星タイプとなっていきます。
「天星術」で読み解いていくことで、
過去にどんなことがあったのか、現在はどんな状況か、
そして未来がどうなっていくのかがわかります。
ただし大切なのは、**「天星術」は決して決めつけではない占術**である、ということ。
道がないことがわかれば、創ればいい。
壁にぶつかってしまうとわかれば、回避すればいい。
また、「天星術」は光と影、そのどちらも内包するもの。
光として出たのか、影として出たのか、
それを読みとれれば、自ら変えていくことができます。
失敗と感じても、
それは**未来に訪れる成功のために必要な失敗だった**、ということも。

未来をよりよくするために、占いをどう捉えて、どう動くのか。
あなたの心のもち方によって好転させることができる、
それが「天星術」です。

・天星術・

GROUP

月グループ

- 満月
- 上弦の月
- 下弦の月
- 新月

地球グループ

- 空
- 山脈
- 大陸
- 海

太陽グループ

- 朝日
- 真昼
- 夕焼け
- 深夜

HOW TO
あなたの天星の見つけかた

★ ★ ★

1

P.015から始まる **生年月表** を見て、
あなたの生まれた年と月が交わる数字を
探してください。

↓

2

その数字に、生まれた日の数字を足してください。
その数字があなたの **天星ナンバー** です。

※合計した数字が61以上になる場合は、その数字から60を引いたものが
天星ナンバーになります。

↓

3

P.014の **天星ナンバー対応表** を参照して、
天星を見つけてください。

↓

4

生まれ年(西暦)の下ひとけたが
偶数か奇数かを見て、赤か白かを確認します。

例

1995年4月20日生まれの場合

[生年月表]で1995年と4月が交わる数字は「58」。
「58」に生まれた日の「20」を足して「78」。
61以上になるので、60を引くと「18」。
[天星ナンバー対応表]を参照すると、「18」の天星は「夕焼け」。
生まれ年(西暦)の下ひとけたが奇数なので、「白」。

こちらでも!

CHECK!

あなたの天星は?

★ ★ ★

LINK 1

生まれた年 ＿＿＿＿＿ 年と
生まれた月 ＿＿＿＿＿ 月が
生年月表 で交わる数字

LINK 2

1 で出した数字 ＋ 生まれた日の数字 ＝ **天星ナンバー**

61以上の場合は、60を引いて

LINK 3

天星ナンバー対応表 によると
あなたの天星は ＿＿＿ の ☆

例えば 「夕焼け」 の 「18」

LINK 4

生まれ年の下ひとけたが
偶数 …> 赤
奇数 …> 白

あなたは ＿＿＿ の ☆ の ⬡ です。

例えば 「夕焼け」 の 「18」 の 「白」

★ 天星ナンバー対応表 ★

天星ナンバーも覚えておこう！

グループ	天星	ナンバー
MOON 月グループ	満月	4 10 33 39 45
	上弦の月	11 17 32 38
	下弦の月	2 3 8 41 47
	新月	14 20 23 26 29 36
EARTH 地球グループ	空	6 43 49 54 55 60
	山脈	9 15 16 34 40 46
	大陸	1 5 50 53 56 59
	海	51 52 57 58
SUN 太陽グループ	朝日	21 22 27 28
	真昼	7 42 44 48
	夕焼け	12 18 31 37
	深夜	13 19 24 25 30 35

★ 生年月表 ★

生まれ年	和暦	干支	1月	2月	3月	4月	5月	6月	7月	8月	9月	10月	11月	12月
1920	T9	申	54	25	54	25	55	26	56	27	58	28	59	29
1921	T10	酉	0	31	59	30	0	31	1	32	3	33	4	34
1922	T11	戌	5	36	4	35	5	36	6	37	8	38	9	39
1923	T12	亥	10	41	9	40	10	41	11	42	13	43	14	44
1924	T13	子	15	46	15	46	16	47	17	48	19	49	20	50
1925	T14	丑	21	52	20	51	21	52	22	53	24	54	25	55
1926	T15 /S1	寅	26	57	25	56	26	57	27	58	29	59	30	0
1927	S2	卯	31	2	30	1	31	2	32	3	34	4	35	5

★ 生年月表 ★

生まれ年	和暦	干支	1月	2月	3月	4月	5月	6月	7月	8月	9月	10月	11月	12月
1928	S3	辰	36	7	36	7	37	8	38	9	40	10	41	11
1929	S4	巳	42	13	41	12	42	13	43	14	45	15	46	16
1930	S5	午	47	18	46	17	47	18	48	19	50	20	51	21
1931	S6	未	52	23	51	22	52	23	53	24	55	25	56	26
1932	S7	申	57	28	57	28	58	29	59	30	1	31	2	32
1933	S8	酉	3	34	2	33	3	34	4	35	6	36	7	37
1934	S9	戌	8	39	7	38	8	39	9	40	11	41	12	42
1935	S10	亥	13	44	12	43	13	44	14	45	16	46	17	47
1936	S11	子	18	49	18	49	19	50	20	51	22	52	23	53
1937	S12	丑	24	55	23	54	24	55	25	56	27	57	28	58

★ 生年月表 ★

生まれ年	和暦	干支	1月	2月	3月	4月	5月	6月	7月	8月	9月	10月	11月	12月
1938	S13	寅	29	0	28	59	29	0	30	1	32	2	33	3
1939	S14	卯	34	5	33	4	34	5	35	6	37	7	38	8
1940	S15	辰	39	10	39	10	40	11	41	12	43	13	44	14
1941	S16	巳	45	16	44	15	45	16	46	17	48	18	49	19
1942	S17	午	50	21	49	20	50	21	51	22	53	23	54	24
1943	S18	未	55	26	54	25	55	26	56	27	58	28	59	29
1944	S19	申	0	31	0	31	1	32	2	33	4	34	5	35
1945	S20	酉	6	37	5	36	6	37	7	38	9	39	10	40
1946	S21	戌	11	42	10	41	11	42	12	43	14	44	15	45
1947	S22	亥	16	47	15	46	16	47	17	48	19	49	20	50

★ 生年月表 ★

生まれ年	和暦	干支	1月	2月	3月	4月	5月	6月	7月	8月	9月	10月	11月	12月
1948	S23	子	21	52	21	52	22	53	23	54	25	55	26	56
1949	S24	丑	27	58	26	57	27	58	28	59	30	0	31	1
1950	S25	寅	32	3	31	2	32	3	33	4	35	5	36	6
1951	S26	卯	37	8	36	7	37	8	38	9	40	10	41	11
1952	S27	辰	42	13	42	13	43	14	44	15	46	16	47	17
1953	S28	巳	48	19	47	18	48	19	49	20	51	21	52	22
1954	S29	午	53	24	52	23	53	24	54	25	56	26	57	27
1955	S30	未	58	29	57	28	58	29	59	30	1	31	2	32
1956	S31	申	3	34	3	34	4	35	5	36	7	37	8	38
1957	S32	酉	9	40	8	39	9	40	10	41	12	42	13	43

★ 生年月表 ★

生まれ年	和暦	干支	1月	2月	3月	4月	5月	6月	7月	8月	9月	10月	11月	12月
1958	S33	戌	14	45	13	44	14	45	15	46	17	47	18	48
1959	S34	亥	19	50	18	49	19	50	20	51	22	52	23	53
1960	S35	子	24	55	24	55	25	56	26	57	28	58	29	59
1961	S36	丑	30	1	29	0	30	1	31	2	33	3	34	4
1962	S37	寅	35	6	34	5	35	6	36	7	38	8	39	9
1963	S38	卯	40	11	39	10	40	11	41	12	43	13	44	14
1964	S39	辰	45	16	45	16	46	17	47	18	49	19	50	20
1965	S40	巳	51	22	50	21	51	22	52	23	54	24	55	25
1966	S41	午	56	27	55	26	56	27	57	28	59	29	0	30
1967	S42	未	1	32	0	31	1	32	2	33	4	34	5	35

★ 生年月表 ★

生まれ年	和暦	干支	1月	2月	3月	4月	5月	6月	7月	8月	9月	10月	11月	12月
1968	S43	申	6	37	6	37	7	38	8	39	10	40	11	41
1969	S44	酉	12	43	11	42	12	43	13	44	15	45	16	46
1970	S45	戌	17	48	16	47	17	48	18	49	20	50	21	51
1971	S46	亥	22	53	21	52	22	53	23	54	25	55	26	56
1972	S47	子	27	58	27	58	28	59	29	0	31	1	32	2
1973	S48	丑	33	4	32	3	33	4	34	5	36	6	37	7
1974	S49	寅	38	9	37	8	38	9	39	10	41	11	42	12
1975	S50	卯	43	14	42	13	43	14	44	15	46	16	47	17
1976	S51	辰	48	19	48	19	49	20	50	21	52	22	53	23
1977	S52	巳	54	25	53	24	54	25	55	26	57	27	58	28

★ 生年月表 ★

生まれ年	和暦	干支	1月	2月	3月	4月	5月	6月	7月	8月	9月	10月	11月	12月
1978	S53	午	59	30	58	29	59	30	0	31	2	32	3	33
1979	S54	未	4	35	3	34	4	35	5	36	7	37	8	38
1980	S55	申	9	40	9	40	10	41	11	42	13	43	14	44
1981	S56	酉	15	46	14	45	15	46	16	47	18	48	19	49
1982	S57	戌	20	51	19	50	20	51	21	52	23	53	24	54
1983	S58	亥	25	56	24	55	25	56	26	57	28	58	29	59
1984	S59	子	30	1	30	1	31	2	32	3	34	4	35	5
1985	S60	丑	36	7	35	6	36	7	37	8	39	9	40	10
1986	S61	寅	41	12	40	11	41	12	42	13	44	14	45	15
1987	S62	卯	46	17	45	16	46	17	47	18	49	19	50	20

★生年月表★

生まれ年	和暦	干支	1月	2月	3月	4月	5月	6月	7月	8月	9月	10月	11月	12月
1988	S63	辰	51	22	51	22	52	23	53	24	55	25	56	26
1989	S64/H1	巳	57	28	56	27	57	28	58	29	0	30	1	31
1990	H2	午	2	33	1	32	2	33	3	34	5	35	6	36
1991	H3	未	7	38	6	37	7	38	8	39	10	40	11	41
1992	H4	申	12	43	12	43	13	44	14	45	16	46	17	47
1993	H5	酉	18	49	17	48	18	49	19	50	21	51	22	52
1994	H6	戌	23	54	22	53	23	54	24	55	26	56	27	57
1995	H7	亥	28	59	27	58	28	59	29	0	31	1	32	2
1996	H8	子	33	4	33	4	34	5	35	6	37	7	38	8
1997	H9	丑	39	10	38	9	39	10	40	11	42	12	43	13

★ 生年月表 ★

生まれ年	和暦	干支	1月	2月	3月	4月	5月	6月	7月	8月	9月	10月	11月	12月
1998	H10	寅	44	15	43	14	44	15	45	16	47	17	48	18
1999	H11	卯	49	20	48	19	49	20	50	21	52	22	53	23
2000	H12	辰	54	25	54	25	55	26	56	27	58	28	59	29
2001	H13	巳	0	31	59	30	0	31	1	32	3	33	4	34
2002	H14	午	5	36	4	35	5	36	6	37	8	38	9	39
2003	H15	未	10	41	9	40	10	41	11	42	13	43	14	44
2004	H16	申	15	46	15	46	16	47	17	48	19	49	20	50
2005	H17	酉	21	52	20	51	21	52	22	53	24	54	25	55
2006	H18	戌	26	57	25	56	26	57	27	58	29	59	30	0
2007	H19	亥	31	2	30	1	31	2	32	3	34	4	35	5

★ 生年月表 ★

生まれ年	和暦	干支	1月	2月	3月	4月	5月	6月	7月	8月	9月	10月	11月	12月
2008	H20	子	36	7	36	7	37	8	38	9	40	10	41	11
2009	H21	丑	42	13	41	12	42	13	43	14	45	15	46	16
2010	H22	寅	47	18	46	17	47	18	48	19	50	20	51	21
2011	H23	卯	52	23	51	22	52	23	53	24	55	25	56	26
2012	H24	辰	57	28	57	28	58	29	59	30	1	31	2	32
2013	H25	巳	3	34	2	33	3	34	4	35	6	36	7	37
2014	H26	午	8	39	7	38	8	39	9	40	11	41	12	42
2015	H27	未	13	44	12	43	13	44	14	45	16	46	17	47
2016	H28	申	18	49	18	49	19	50	20	51	22	52	23	53
2017	H29	酉	24	55	23	54	24	55	25	56	27	57	28	58

★ 生年月表 ★

生まれ年	和暦	干支	1月	2月	3月	4月	5月	6月	7月	8月	9月	10月	11月	12月
2018	H30	戌	29	0	28	59	29	0	30	1	32	2	33	3
2019	H31/R1	亥	34	5	33	4	34	5	35	6	37	7	38	8
2020	R2	子	39	10	39	10	40	11	41	12	43	13	44	14
2021	R3	丑	45	16	44	15	45	16	46	17	48	18	49	19
2022	R4	寅	50	21	49	20	50	21	51	22	53	23	54	24
2023	R5	卯	55	26	54	25	55	26	56	27	58	28	59	29
2024	R6	辰	0	31	0	31	1	32	2	33	4	34	5	35

FULL MOON

満月
プロフィール

あなたの性格に迫るとともに、
2024年の運気や開運色、
相性などもお伝えします。

Full Moon
Profile

LIGHT

- □ 想像力豊かなロマンチスト
- □ 冷静に世界を捉えるリアリスト
- □ 困っている人を放っておけない
- □ マイペースだけど行動力抜群

決断する月、努力が報われる月、吉凶混ざり引きが強い月にこの傾向が表れます

満月の光と影

各天星タイプには、もともともっている性質があります。普段、表に出ているのが「光」の性質です。ただ、運気バイオリズムが崩れると「影」の性質が出てきます。

SHADOW

- □ 好きな人以外には興味がない
- □ メッセージの返信は自分ペース
- □ 優しい言葉はサービストーク
- □ 人付き合いに疲れると引きこもる

運気が低迷する月、八方塞がりになりやすい月、リセットの月にこの傾向が表れます

運気バイオリズム（P.034）が☀（光）と☁（影）のときに、上記のような性質がそれぞれ出てきます。

満月

情にあふれたロマンチスト

基本性格

想像力が豊かで温かい心をもったロマンチストな反面、冷静で現実主義的に考える面ももち合わせているタイプ。周囲の人を気遣い、困っている人を放っておけない優しさがあるため、知らないうちに気疲れしてしまいがちです。安心してのんびりできる居場所を用意して、自分を癒すことも大切に。

満月のトリセツ

⬆好きなこと・喜ぶこと

- 温泉にゆったり浸かる
- サプライズ（する、される）
- 喜んでくれる人、素直な人
- 好きなだけ寝ること
- 趣味や遊びの共有
- 優しい言葉をかけられる

⬇嫌がること・ストレスになること

- 余裕がない状況
- 不安や心配を抱え込む
- 競争、戦い
- 無視や仲間はずれ
- 威圧的な態度
- 否定的な人、無神経な人

2024年の開運のカギ

やるといいこと	生活に運動や筋トレを取り入れる
気をつけるべきこと	オン・オフの切り替え、自律神経を整える

2024年の開運相性

恋愛運を上げる天星	仕事運をのばす天星	金運をのばす天星
満月×上弦の月	満月×満月	満月×夕焼け

基本の開運色
紫

2024年の開運色
ミントグリーン

2024年の開運アイテム
手帳型スマホケース

2024年の開運スポット
フラワーパーク

天星タイプ別 基本の相性

組み合わせ	相性	組み合わせ	相性
満月×満月	★★★★★	満月×大陸	★★★☆☆
満月×上弦の月	★★★★★	満月×海	★☆☆☆☆
満月×下弦の月	★★★★☆	満月×朝日	★★☆☆☆
満月×新月	★★★★☆	満月×真昼	★★★★☆
満月×空	★★★☆☆	満月×夕焼け	★★★★☆
満月×山脈	★★★☆☆	満月×深夜	★☆☆☆☆

満月

天星ナンバー 4

愛嬌満点！ 行動力に長けた愛されキャラ

仲良くなると、陽気で一生懸命な愛されるタイプに。繊細で自分の理屈をもちながら好きなことには真っすぐ。頑張り屋で負けず嫌い。小さなミスをするなど抜けているところもありますが、愛嬌でことなきを得るタイプ。猜疑心が強い一面があるので、本音をさらけ出せる人を大切に。

こんな星が入ってる

- ★ 繊細の星
- ★ 頑張り屋の星
- ★ だらけ癖の星

天星ナンバー 10

感性豊かでアーティスト気質

穏やかで飾らない性格ですが、冷静で論理的。本音をあまり口にしないタイプです。直感や感性が冴えており、秘めた力を隠しもっています。また、困っている人がいたら迷わず手を貸す優しい一面も。素直さがあなたの才能を開花させます。

こんな星が入ってる

- ★ 実は毒舌の星
- ★ 外面がいい星
- ★ アーティスト気質の星

天星ナンバー 33

ラブ&ピース　サービス精神旺盛な人情派

おおらかで愛情豊かな人情派。基本的にはのんびりでマイペースですが、下町気質で、人を楽しませたり、期待に応えようとするなど、サービス精神旺盛です。気を遣いすぎてキャパオーバーにならないよう自分を労り、意思表示をしっかりし、神経質にならないよう自分の時間を大切に。

こんな星が入ってる

- ★ 睡眠大事の星
- ★ 気にしいの星
- ★ サービス精神旺盛の星

天星ナンバー別の性格

天星ナンバー
39

いざという時の存在感が光るチャレンジャー

基本的には穏やかでマイペース。確固たる価値観をもった勇敢なチャレンジャータイプ。やる気になれば本領発揮。驚くほどの底力をもっています。面倒くさいことが嫌いで、自分のテリトリーが侵されそうになると狂暴ぎみに。自分の気持ちを正しく伝えると魅力がアップします。

こんな星が入ってる

- ★ 面倒くさいと無視する星
- ★ マイルールがある星
- ★ 根が優しい星

天星ナンバー
45

強いカリスマ性をもつロマンチスト

平和を愛し、愛情も感性も豊かなロマンチスト。人情に厚く、気遣い屋さんなので、特に後輩から慕われます。こだわりが強い半面、実は打たれ弱い面も。運を引き寄せる力はピカイチなので、自分らしさを大切にすることでハッピーが舞い込みます。

こんな星が入ってる

- ★ 依存の星
- ★ 出世街道の星
- ★ 感受性豊かの星

CHARACTER

FULL MOON

YEARLY FORTUNE

2024年
満月の運勢

THEME

“焦らず地道に
種をまきたい年”

総合運

TOTAL

2024年は学ぶ姿勢がプラスに発展する年です。そのため、資格取得に向けた勉強といった地道な努力が◎。また、自分を見つめ直し、短所や欠点と向き合うことで成長できるので、ネガティブな部分を克服する絶好の1年にもなるでしょう。失敗を重荷に感じることはなく、例えば人のために動いてかえってお節介や気疲れになった場合には、次からは相手が本当に望むことを見極めてから手を貸せばいいなど、失敗を通して学びを得られるので、不安や迷いは手放し、確かな成長を感じ取って。

恋愛運

LOVE

理想が変わったり、これまで好みではなかったタイプを好きになる暗示。こんなはずでは……と苦労もみえます。その一方で、流されやすい年なので、誘惑に負けず、好意がないならお断りを。2024年はあなたのレベルが上がり、魅力を高められるチャンスあり。自分に足りないものを強化してみて。

仕事運＆金運

WORK & MONEY

流れに身を任せ、受け身に徹した方がいい年。気乗りのしない仕事でも、任せられたのなら、やり遂げることが大切です。人の話に耳を傾けつつ、今は学びのときだと前向きに受け止めて、何事にも取り組んでみましょう。お金に関しては、使う金額を決めておくことで運気が安定します。

2024年の運気バイオリズム

誘惑が多い月
・調子にのりがち
・足腰を温める
・決断はNG

再挑戦できる月
・縁ある人と再会
・チャンス到来
・経験を活かせるとき

吉凶混ざり引きが強い月
・自信をもって行動
・プチセレブ感
・注目が集まる

振り返ってみる月
・楽しんでみる
・穏やかな雰囲気
・最後の決断

運気が低迷する月
・健康面に影が
・頑固はNG
・流れに身を委ねる

八方塞がりになりやすい月
・謙虚さを大事に
・決めつけない
・じっくり煮詰める

リセットの月
・判断ミス
・縁が切れる
・爆発しやすい

2023年　2024年

秋　冬　春

☀（光）と☁（影）のときは、
P.027のような性質が
それぞれ出てきます。

新スタートの月
・新発見
・チャレンジする
・直感が戻る

物事を見直す月
・体調を崩しやすい
・準備の時期
・少し休憩

決断する月
・直感に従う
・人生が変わる
・軸を定める

メンテナンスの月
・体調管理を第一に
・メンタルダウンに注意
・癒しを大切にする

努力が報われる月
・変化がある
・力を発揮できる
・夢が膨らむ

誘惑が多い月
・調子にのりがち
・足腰を温める
・決断はNG

再挑戦できる月
・縁ある人と再会
・チャンス到来
・経験を活かせるとき

夏　秋　冬

赤（偶数年生まれ）

RED

4　10

今までの努力が報われる年。周りからの期待が高まったり、自分の力が発揮されるとき。自分のペースで物事を進められ、夢も膨らんでいくでしょう。努力が足りなかった人も巻き返しのチャンス。目標を絞ってペースを上げていくと変化があるはず。

決断運	★★★★★
人間関係	★★★☆☆
健康運	★★★★☆
金運	★★★☆☆

＼あなただけの／
光の月 4月、7月／**影の月** 9月、10月

33　39

直感よりじっくりと煮詰めることで幸運になる年。自分を大事に、感謝も大切に。壁にぶつかったら、流れに身を任せ、強気な行動は避けて。不安を感じるなら、周囲の助言に耳を傾けること。自分磨きや、将来のための種を蒔くのにもいい運気です。

決断運	☆☆☆☆☆
人間関係	★★★☆☆
健康運	☆☆☆☆☆
金運	★★★☆☆

＼あなただけの／
光の月 1月、10月／**影の月** 3月、4月

45

新しいスタート。パワフルに動き回れる年。直感も冴え、何かをリセットし、大きく変化する人も。好奇心が刺激されることにはどんどん挑戦してみましょう。過去のこだわりを捨て、積極的に人と交流することで新しい自分を発見できるかもしれません。

決断運	★★★★☆
人間関係	★★☆☆☆
健康運	★★★☆☆
金運	★★★☆☆

＼あなただけの／
光の月 8月、11月／**影の月** 1月、2月

天星ナンバー別の運気

白（奇数年生まれ）

WHITE

4 10

心身を労りたい年。過去の疲れが出やすく、メンタルもダウンしがちに。対人関係のストレスが溜まりやすいですが、あなたにはちゃんと味方がいます。自暴自棄にならないようにストレス発散を心がければ大丈夫。「本当にやりたいこと」の追求が開運に。

決断運	★★☆☆☆
人間関係	★☆☆☆☆
健康運	☆☆☆☆☆
金運	★★★☆☆

＼あなただけの／
光の月 5月、8月／**影の月 10月、11月**

33 39

好調だった2023年と異なり、思いがけない障害に阻まれるなど、モヤがかかりそう。人間関係も注意が必要ですが、見返りを求めず、奉仕の気持ちをもって接することでトラブルを回避できるでしょう。焦らず、ゆっくりと進みましょう。

決断運	★☆☆☆☆
人間関係	☆☆☆☆☆
健康運	★☆☆☆☆
金運	★★☆☆☆

＼あなただけの／
光の月 2月、11月／**影の月 4月、5月**

45

2024年は物事がリセットされる年。よくも悪くも変化が多く、別れも見えます。次へのスタートのために必要のないものが壊れたり、離れていく運気ですが、未練や執着を手放し、自分の殻を破ることで、新しい流れが生まれてきます。

決断運	★☆☆☆☆
人間関係	★★☆☆☆
健康運	★★☆☆☆
金運	★★☆☆☆

＼あなただけの／
光の月 9月、12月／**影の月 2月、3月**

2023 11 November
誘惑が多い月

今月の開運メッセージ

今月は、何かと気が散ってしまいそうな時期。目標を達成するためには、よそ見をせずに目の前のことに集中することを第一に。優先順位を考え、時間をとられるような無駄な作業は減らし、考えてもしかたがないことからはいったん離れるようにすると、運が開けていくでしょう。また誘惑が多いのに加えて直感が鈍りやすい時期なので、甘い話にはのらないように注意してください。

今月の開運行動

1. うがいやのど飴などで
のどのケアをしっかりと行う
2. ノリに任せたり、結論を
出すことを急がないようにする
3. 無駄な作業を減らし
何事も迷わずに集中して行う

天星ナンバー別
今月のお言葉

あなたの
天星ナンバー
をチェック!

RED

WHITE

赤（偶数年生まれ）	天星ナンバー	白（奇数年生まれ）
心を穏やかに過ごしたい月。どんな相手にも丁寧に接しましょう。周囲を変えようと思わずに、自分が変わる意識をもつと周りも変化。	4 / 10	自分のためではなく誰かのために動くイメージで、何があっても決めつけないこと。体調が不安定な時期なので、体調管理も徹底を。
お誘いが多い月。誘惑にのらず、目の前のことだけに集中が吉。おいしい話は自分で判断しないこと。太りやすい時期なので、美を高めてみて。	33 / 39	頑張りが評価され、一気に注目を浴びそう。この機会に好きなことや楽しいことを増やしましょう。自信をもって行動してみて。
周囲から注目が集まりそう。柔らかな態度で接して。苦しい道を選ぶと大切な変化が入ります。良質なものを買うと運気アップ。	45	旧友と連絡を取ったり、思い出の料理を食べたりすると開運につながります。親孝行や先祖の供養もいい流れを呼びこみます。

2023 12 December 再挑戦できる月

今月の開運メッセージ

自分のクセを見直すことが開運のカギ。特に悪い習慣は手放して、健康によいことを意識して取り入れてみて。過去に挫折したことでも、もう一度試してみるとうまくいきそうです。行動する前からネガティブになる必要はありません。今のあなたなら“大丈夫”。親孝行やご先祖さまの供養をテーマに、感謝の気持ちを大切にし、頑張った自分にご褒美のプレゼントを。

今月の開運行動

1. 公私ともに大事なデータはこまめにバックアップをとる
2. 昔よく訪れた懐かしい場所に足を運んでみる
3. たとえ高い目標でも夢や願いは口に出してみる

あなたの
天星ナンバー
をチェック!

天星ナンバー別
今月のお言葉

RED

赤（偶数年生まれ）	天星ナンバー	白（奇数年生まれ）
新年が近づくにつれ運気が上昇。新たなチャレンジや努力、学びは追い風になります。まずはTo Doリストを作成してみて。	4 / 10	無理をすると感情が爆発するかも。去るものは追わずという気持ちで手放しましょう。部屋を片付けるとスッキリした気持ちに。
オン・オフのメリハリをつけ、家族と楽しい時間を過ごすと運気がアップする月。過去に縁があった人に助けられることも。幸せはすぐそばにあり。	33 / 39	大掃除は早めに取りかかり、体のケアもしっかりと。今ある幸せを見失わないように。大切な人には感謝を伝えて。
悩みの種はできるだけ早いうちに解決して。穏やかな気持ちで年を越しましょう。月末は時間に余裕をもって動くと◎。	45	周りの状況をよく見て、思いやりをもった行動を心がけて。資格の勉強など、スキルアップのための自己投資は惜しまずに。

2024 1 January 吉凶混ざり引きが強い月

今月の開運メッセージ

積極的なコミュニケーションが運気をアップさせる月。よいことも悪いこともありますが、トラブルは回避できます。失敗は成功のもと。できるだけ多くの人と接点をもち、視野を広げてみて。また、交流した際に誰かの言葉に感銘を受けたなら、それは今の自分への教訓やアドバイスです。受け止めた言葉を実行に移していくと、ポジティブな展開が期待できるでしょう。

今月の開運行動

1. リラックスを意識して自分らしくいられるようにする
2. 普段使いのアイテムをワンランク上のものにしてみる
3. 自分の力を信じて何事も自信をもって行動する

天星ナンバー別 今月のお言葉

あなたの天星ナンバーをチェック!

RED

赤（偶数年生まれ）	天星ナンバー	白（奇数年生まれ）
昨年手を抜いたことを見直すと、いい新年のスタートが切れそう。体調を崩しやすい時期なので、からだを温めたり、ヨガやストレッチでケアを。	4・10	冬の寒さで心も閉ざしやすい季節ですが、まもなく新たな“光”が入ってきます。もう一度自分を信じ、新たなチャレンジと行動する力を高めてみて。
自分の意思とは裏腹に、突然よい出来事が舞い込む月。もっと自信をもって、あなたらしさを大切に。やりたかったことにチャレンジすると成功へ。	33・39	やり直す努力ができる月。心残りのあるものにもう一度取り組むと、あなた自身の成長に。周りの人のために動くと幸運を呼び込みます。
先のばしにしていたことが変化へと向かっています。面倒くさいことから逃げず、あえてつらい道を選ぶことも必要。今やれることからスタートを。	45	嬉しいことや楽しいことを増やしたい月。あなたのワクワクを集めてみて。月の後半は落ち着いて行動を。ミスや忘れ物、壊れやすい物には注意。

2024 2 February 振り返ってみる月

今月の開運メッセージ

今月は穏やかな運気に包まれています。温かく柔らかな運気に沿うように、リラックスした日々を送ってみましょう。自然の中を散歩してみたり、香りのいいお茶やアロマなどを楽しんでみてください。優しい雰囲気は親しい人に送るメッセージでも表現を。丁寧な言葉遣いを心がけると、お互いに心安らげるやりとりになるはずです。髪型や服装を変えるにもいい時期。

今月の開運行動

1. 休日は自然に触れ
自分を癒してみる
2. 言葉遣いに気を配り、丁寧なコミュニケーションを心がける
3. じっくり時間をかけて
料理を作ってみる

天星ナンバー別
今月のお言葉

あなたの
天星ナンバー
をチェック!

RED

赤（偶数年生まれ）　白（奇数年生まれ）

4・10

赤：直感が冴える時期なので、人生の大きな決断をするなら、今月のうちに。人のいいところを積極的に取り入れて、髪型や服装など、イメチェンも吉。

白：生活習慣や食生活を見直し意識改革の強化を。健康的な食事やサプリをとったり、トレーニングをするなど、体の中からキレイを目指して。

33・39

赤：穏やかな日々を楽しみたい時期。休日は時間をかけて料理したり、掃除をしたりと、“余裕”と“ゆとり”をテーマに、のんびり過ごして充電を。

白：自分へのご褒美や優雅にお茶をするなど、セレブ感を演出してみると開運に。視野を広げて新たなジャンルに挑むと、意外な才能に気づくことも。

45

赤：頑固さには注意。人を優先する意識で、周囲の言葉や価値観をしなやかに受け入れましょう。感謝の気持ちを忘れずに。

白：思い通りにいかないときは、考えすぎず、適度な気分転換を。我を通すより、流れに身を任せるとトラブルを回避。人に優しく、自分に厳しく。

2024 3 March 運気が低迷する月

今月の開運メッセージ

イライラが増えそうな時期です。とはいえ、感情に任せて嘆いたり、愚痴や不満を言うとネガティブ思考が強くなってしまうので、できるだけ前向きな言葉を口にしましょう。日々の中で自分の欠点や弱点が見えたときは、逃げずに向き合うことも大切です。上手な付き合い方を見つけてみて。休日は落ち着ける場所で過ごすと、心身のコンディションが整うでしょう。

今月の開運行動

1. いつまでも自分を責めるのをやめ、前向きに捉える
2. 苦手なことがあっても向き合ってみる
3. スケジュールには余裕をもたせる

天星ナンバー別 今月のお言葉

あなたの天星ナンバーをチェック!

RED

赤（偶数年生まれ）	天星ナンバー	白（奇数年生まれ）
溜まった疲れをリフレッシュするメンテナンスの時期。じっくりと心身を整え、来月以降勢いにのりましょう。たまには自分にご褒美を。	4・10	人生が変わるような出来事があっても、平常心をキープして。勇気のいる決断があなたの成長に。執着は手放し、相手をちゃんと愛してみて。
物事がうまくいかないのは、心や頭が固まっているせい。思い込みを捨てて、流れに身を任せましょう。目の前にいる人を大切に。	33・39	うれしいことや楽しいことを見つけるほどラッキーが舞い込みそう。面倒なことは後回しにせず、早めに取りかかるとスムーズに。
抱えている悩みや不安は、もっとシンプルに考えることが解決への近道。気分転換には掃除や空気の入れ替えがおすすめです。	45	謙虚さを大事にしたい月。周りを振り回していないか、一度振り返り、初心を思い出そう。うれしかったことを書き出してみて。

2024 4 April 八方塞がりになりやすい月

今月の開運メッセージ

現状をいったんすべて受け入れることが大切な月です。思い込んでいることは手放して、いいことも悪いこともそのまま捉えてみましょう。全部を認めてフラットな目線をもてると、ベストな選択肢が見えてきそうです。また、人の意見を尊重し、周囲への感謝を忘れないことも大事です。謙虚な姿勢を大切にすると、問題も自然と解決の方向へ進みそうです。

今月の開運行動

1. 自分に厳しく
高い目標を立ててみる

2. 偏った考えを手放して
人の意見に耳を傾ける

3. ファッションには
明るめのカラーをチョイスする

天星ナンバー別
今月のお言葉

あなたの
天星ナンバー
をチェック!

RED

赤（偶数年生まれ）	天星ナンバー	白（奇数年生まれ）
プレゼントやおごられ運など、ラッキーなことがある反面、それを素直に受け入れられず悲観的になりやすい月。自分磨きに力を入れてみて。	4 / 10	不安を感じたらデジタルデトックスを。ときにはスマホの電源を切って、1人の時間を作ることが大切。心身をいたわり、健康管理をしっかりと。
気持ちが暴走しやすい月。なるべく自分をコントロールして些細なことは気にしないように。動くのは先のばしにし、様子を見た方がよさそう。	33 / 39	いろいろな考えに触れるといいとき。こだわりを手放すと、動きやすくなるはず。愚痴や悪口は控え、ポジティブな言葉を意識するといい流れに。
自分には無理だと諦めず、挑戦する気持ちで運気が高まる時期です。気になったことにはチャンスが隠されている可能性も。躊躇せずスタート。	45	同情心や執着から苦労を背負い込む危険あり。不要なものを手放すことでリセットし、有言実行を心がければ、物事はスムーズに進みます。

2024 5 May リセットの月

今月の開運メッセージ

今月は、これまでやってきたことをまとめて、いったん区切りをつけてみて。次のステップに向けて、整理整頓を。悪い習慣があるなら手放すように。別れや失くしものの暗示も。どんなことでも試練と受け止め、大切なものは守れるよう、今、できる限りのことをしてみて。失い続けた過去を気にするより、未来で手にすることを信じて進んで。

今月の開運行動

1. 愛と感謝はしっかり届ける
2. お守りになるようなものをもつ
3. 身だしなみ、マナーに気を配る

天星ナンバー別
今月のお言葉

あなたの天星ナンバーをチェック!

RED WHITE

赤（偶数年生まれ）

4・10

小さなミスを連発しそう。手を抜かず、準備や確認をしっかりと。太りやすい時期なので、食べ過ぎには注意。努力の継続が開運に。

33・39

悪習慣から抜け出すチャンス。本当に大切なもの以外は手放し、心もお部屋もキレイにスッキリさせることが開運に。

45

自然体で過ごすといい月。素直な心で、好きなものや楽しいことで心を満たしましょう。どんなときも笑顔を絶やさないで。

白（奇数年生まれ）

4・10

変化が起こりそうな月。1日1つ、小さな喜びを探してみて。幸せは与えられるものではなく、自分で見つけるもの。強い気持ちを大切に。

33・39

頑固さを手放すとツキが入る運気。苦手なことや大変なことも受け入れてみると、あなたの力になりそう。人を喜ばせる行動も◎。

45

自分なんてと思わず、もう一度やる気のスイッチをON。自分の殻を破る時期。未知のジャンルや、人からすすめられたものは積極的に取り組んで。

2024 6 June 新スタートの月

今月の開運メッセージ

新スタートのタイミングです。興味のあることに挑戦すると吉。始めたばかりの頃は慣れないことに躊躇することもありますが、直感で取り組むといい方向に進むでしょう。また、取り組んでいる最中に不安や悩みが大きくなったら、リセットを。難しく考えすぎずシンプルに考えると、進むべき道が見えてくるはずです。気持ちのままに突き進むことができるでしょう。

今月の開運行動

1. ワクワクする気持ちを
家庭や仕事にも取り入れてみる
2. 余計なことは考えない
3. 早寝早起きを心がけてみる

天星ナンバー別

今月のお言葉

あなたの
天星ナンバー
をチェック!

RED

赤（偶数年生まれ）

4 / 10

少しずつ悩みは解放へ。あなたを救う人との出会いも訪れそうな運気。一度諦めたことに再挑戦するのもおすすめ。

33 / 39

運気はゆっくり回復。過去の自分を捨て去り、スタートを。出会いも多く入ってきますが、人を見る目を養い、うまい話は警戒するとトラブル回避。

45

生活にマンネリを感じていませんか？ いつもと違う道を通る、知らないお店に入るなど、変化を楽しむとリフレッシュできそう。

白（奇数年生まれ）

4 / 10

落ち着いて行動したい月。時間や持ち物などを丁寧に確認することでトラブルを防げます。焦らず、急がず、大きな決断は避けて、周囲に相談を。

33 / 39

家族や大切な人にあなたの思いを伝えましょう。誠実に向き合うほど、この先の未来が輝くはず。部屋の大掃除にもいいタイミングです。

45

オフの日はしっかり休み、オンの日はテキパキと動くことを意識して1つずつクリアを。疲れたら、お気に入りのお菓子でコーヒーブレイク。

2024 7 July 物事を見直す月

今月の開運メッセージ

今月は、健康面への配慮が運気アップのカギを握ります。自分の普段の暮らしを振り返って、睡眠がしっかりとれていなかったり、食事が偏っていたりする場合は生活スタイルを改善しましょう。自分が成長するための課題を見つけ、じっくり取り組んでいける時期です。これまで気になっていた新しいことを始めるのもいいでしょう。

今月の開運行動

1. データや写真など PCとスマホの中身を整理整頓
2. 余裕をもち、10分前行動を意識
3. 自分だけの時間を大切にしてみる

天星ナンバー別 今月のお言葉

あなたの天星ナンバーをチェック!

RED　WHITE

赤（偶数年生まれ）		白（奇数年生まれ）
臨時収入やよい情報が入るなど、明るいきざしが見える月。中旬からは、焦らず行動を。ミスやケガには気をつけ、気を引き締めて。	4・10	手土産を持参し、懐かしい場所や人を訪ねてみると運気アップ。初心を思い出し、自分が求めていることを探ってみましょう。
来月からの運気上昇に備えるウォーミングアップの時期。生活習慣を見直し、運動や食生活にいい変化を取り入れると吉。	33・39	迷わず行動できる月。運気はゆっくり上昇中なので、何事もできないと思わず挑んでOK。髪型やメイクなど、イメージチェンジにも吉の月。
心に隙が生まれやすい月。リラクゼーションを心がけ、癒しをテーマに過ごしてみて。今月は自分に投資を。歯のケアを念入りに。	45	直感が冴える分、気が大きくなりやすい月。視野が狭まっていないか、自分に問いかけてみて。優しい言葉を使うと運気アップ。

2024 8 August 決断する月

今月の開運メッセージ

今月は、思い切って舵を切るタイミングです。これまでの出来事はあなたにとって必要な出来事でした。今、ここからもう一度人生のスタートへ。自分を信じ、諦めない精神で進みましょう。また、先輩や年上の人、憧れの人の言葉や本なども人生を変えるきっかけや、気付きを与えてくれそうです。

今月の開運行動

1. 特別な靴でおでかけ
2. 憧れの人や友達の話をよく聞いて自分の刺激にする
3. 何事も自分の気持ちに素直に表現してみる

天星ナンバー別
今月のお言葉

あなたの
天星ナンバー
をチェック!

RED

赤（偶数年生まれ）

4・10
感情に振り回されず、穏やかに過ごしたい時期。つらいときこそ笑ってみましょう。自分の幸せを、周りにおすそ分けするイメージで。

33・39
人生に関わる変化が起こる予感。未来を見据えて行動を。嘘やごまかしをせず、意見をはっきり伝えて。心を許せる人たちと素敵な時間を共有しよう。

45
達成感や満足感を得るために何かを決意する暗示。許せなかった過去に別れを告げ次なる一歩が始まります。10年後を意識しプランの見直しを。

白（奇数年生まれ）

4・10
金運が好調。楽しいことや癒されることのためにお金を使うとよい時期。たまには自分にご褒美を。人には真心を込めてみて。

33・39
自分のいいところを探して、そこを伸ばしてみましょう。今月は少しずつでも学んで努力することが大事なとき。ここで諦めないように。

45
何かを失ったり思いがけない出来事に遭遇しそうな月。大切なものは守り抜いて。人には恩返しを意識し、ネガティブな思考はいったんストップ。

2024 9 September メンテナンスの月

今月の開運メッセージ

スポーツをしたり、友達とお喋りをしたり、自然の中を散歩するなど、モヤモヤが溜まらない工夫を生活に取り入れましょう。人に気を遣いすぎず、自分を大切にしたい月。事故などに気をつけつつ惹かれる場所にお出かけしたり、自分にとっての幸せを第一にしてみて。良質な睡眠と身の回りの整理整頓も心が落ち着くラッキーアクションです。

今月の開運行動

1. 自分の健康状態をしっかりチェック
2. 頑張りすぎず肩の力を抜いてみる
3. 体を冷やさないよう白湯を飲んで胃を温める

天星ナンバー別
今月のお言葉

あなたの天星ナンバーをチェック!

RED

赤（偶数年生まれ）	天星ナンバー	白（奇数年生まれ）
頭で考えるよりも心に働きかけることを意識しましょう。もっと柔軟に、あなたが本当に望んでいることに注目。人のいいところを見る努力を。	4・10	まずは物事に優先順位をつけてみて。重要なことは早めに終わらせましょう。月末は体調の変化に注意して、小さなことでも見逃さないように。
心にも身体にも少し疲れが目立ちます。ストレスはこまめに解消し、疲れを癒す月にして。与えられた仕事やタスクは、後回しにせず早めに対応。	33・39	何が必要で何が不要かジャッジすると開運に。判断力もあるときなので、自分の方向性や目標を定めましょう。自宅ではゆっくり過ごしメリハリを。
考えすぎて前に進めないのなら、今月は「やってみたい」という好奇心を優先。人生を動かすために自分の心と体をきちんと動かせるように。	45	今まで努力してきた分だけ結果が出るはず。勝ち負けにこだわらず、変化を受け入れることで天からの力を感じられます。

Astrology　How To　Profile & Congeniality　Yearly Fortune-Telling　Monthly Fortune-Telling　Daily Fortune-Telling　Other　Ranking

2024 10 October 努力が報われる月

今月の開運メッセージ

あなたに光が入りこむ月。それに気づけるか気づけないか。よいエネルギーはちゃんとあなたの中にあります。夢を叶えるために、もう一度、資格取得や検定、学びや途中でやめてしまったことに挑戦するなど、自分をけっして諦めずに、前を向いてスタートを。心はいつでも自由。あなたらしさを大切に。

今月の開運行動

1. 夢に向かって、高い目標でもあえてチャレンジしてみる
2. 急いで結果を出すことよりもプロセスを楽しむ
3. 新しいこと、なじみのなかったことにも興味をもつ

天星ナンバー別 今月のお言葉

あなたの天星ナンバーをチェック!

RED

赤（偶数年生まれ）	天星ナンバー	白（奇数年生まれ）
気持ちに余裕がなくなるとスローダウンに。人に期待しすぎずに、今月はゆとりをもち、1つひとつ丁寧に進めてみて。	4 10	やる気はありますが、少し空回りしやすい月。予期せぬ出費は必要経費と考えて。頑張っている自分をちゃんと認めてあげましょう。
注目運が高まり、強い引き寄せパワーを得る月。本気で取り組めば大きな飛躍となります。誠実さ、謙虚さを忘れずに。開運のコツは奉仕の心。	33 39	早寝早起きなど、規則正しい生活に戻すと、心も体も安定しそう。「攻めるより守る」を意識しましょう。バスタイムを充実させてみて。
“言霊《ことだま》”が強い月。つらいときこそ「わたしは幸せ」と唱えてみて。良縁にも恵まれそうな運気で、積極的な行動にツキあり。	45	物欲旺盛な月。セールやお得を狙いお買い物を。勉強、家事、趣味など自分の内面を磨くことに集中すると吉。悪いニュースは見ない聞かない意識を。

2024 11 November 誘惑が多い月

今月の開運メッセージ

冒険的なことや大胆な行動は避けてほしい月。今ある幸せを大切にし、目先の利益にとらわれないように。お誘いやイベントごともありそうですが、ハメを外しすぎないように気を引きしめて。地に足をつけ、着実に取り組めば幸運を呼び込むでしょう。健康は何よりも大事。少し体を鍛え、気持ちもリフレッシュさせてみて。

今月の開運行動

1. メイクも服装もナチュラルが吉
2. 勢いだけで行動しないように深く考える時間をもつ
3. やりたいこと、目標は心に留めず、口に出してみる

天星ナンバー別 今月のお言葉

あなたの天星ナンバーをチェック!

RED

WHITE

赤（偶数年生まれ）

白（奇数年生まれ）

4・10

赤：憧れの人や、成功したり幸せそうな人の言葉の中にあなたを救うヒントが。反発よりも柔軟な対応を。変化を恐れず、自分を信じる気持ちを大切に。

白：面倒なことが起こっても、何事も勉強だと受け止めて。人に恩返しする気持ちで過ごしてみましょう。語学や資格の勉強を始めるのにいい月。

33・39

赤：感謝を忘れずに伝えたい月。「ありがとう」の言葉をたくさん使ってみて。1人で立ち向かわず、周囲とも協力を。よい出会いもありそうな予感。

白：天からの応援を感じられるとき。プラスのエネルギーが湧いてくるので、苦手なことも楽しんで取り組んで。夢や願望は口にしてみて。結果を引き寄せます。

45

赤：物事を決めつけず、自分も人もありのままの姿を認めることが開運に。たまには自分にご褒美を。

白：あなたの理解者はすぐそばにいます。1人で抱え込まないこと。友達や家族など、大切な人と過ごす時間を大切に。「おいしい」や「楽しい」はシェアを。

2024 12 December 再挑戦できる月

今月の開運メッセージ

夢や目標の具体的なプラン設計に向いている月。過去に諦めたことが再燃するかもしれません。また、思い出の場所をはじめ、子どもの頃からの知り合いや昔からの愛用品など、これまでの出会いや出来事が幸せを運んできてくれそうです。改めて向き合うことで、心が満たされる予感。ワクワクしている自分を思い描いてみて。

今月の開運行動

1. 昔観て感動した映画をもう一度観てみる
2. メッセージの返信は早めに
3. 子どもの頃に家族でよく食べた思い出の味を楽しんでみる

天星ナンバー別
今月のお言葉

あなたの
天星ナンバー
をチェック!

RED

赤（偶数年生まれ）

4・10

挑戦やイメチェンに適した時期。理想の自分をイメージして新しい習慣を始めると、新年を気持ちよくスタートできそうです。

33・39

意欲が増し、やりたいことが増えていく暗示。ハマる何かに出会えそう。思い切った行動をとると運が開けます。自分の可能性を閉ざさないように。

45

自分にも人にも優しい言葉を使うと、穏やかな年末が過ごせそう。ファッションにゴールドを取り入れると運気アップ。

白（奇数年生まれ）

4・10

マイナス思考やうまくいかない人間関係をリセットし、心のスペースを作りましょう。周囲に期待せず、自分が変わる意識をもってみて。

33・39

気分が変わりやすい月。目の前の大切なものを一番に考えていればトラブルは回避できます。飲み会では少しセーブ。人に流されすぎないように。

45

自分の可能性を広げるのに適した月。もしもラクな道を選んでいるのなら、あえて苦しい道を行ってみて。成長できるチャンスです。

FULL MOON

2024年
日々の
開運メッセージ

Daily Fortune Message

先々を見通してみたり
その日がどんな日なのか調べてみたり
日々の過ごし方や考え方の
参考にしてみてくださいね。

運気キーワード

KEYWORD

《 吉凶日 》

天赦日

「天が赦す日」と書くように、神様がすべての罪を赦し、障害が取り除かれる日とされています。一粒万倍日より数が少ない大吉日。結納や婚姻届の提出など、結婚にまつわることを行うのによく、新しいことを始めるのにもいい日です。

一粒万倍日

「一粒の種子が万倍にもなって実る」という意味をもち、何かを始めるのにいい日とされています。財布の新調にも最適。ただし、人からお金やものを借りると、万倍に膨らみ凶となるため注意してください。

不成就日

要注意日。何事も成就しない、悪い結果を招いてしまう日とされています。結婚、開店、起業など、新しいことを始めるのは避けた方がいい日です。

『吉日と不成就日が重なる場合には、あまり新しい行動を起こさない方がベター。』

《 月の満ち欠け 》

● 新月

新しいスタートを切るのにいいとき。新しいものを買うのにもいい日とされています。

◐ 上弦

新月から満月へと満ちていくとき。判断力や決断力が高まっているときで、積極的な行動を起こすのに適した日とされています。

◑ 下弦

満月から新月へと欠けていくとき。物事をリセットしたり、デトックスしたり、感情のリセットなどにも向く日とされています。

● 満月

不要なものを手放すのにいい日とされています。

PHASES OF THE MOON

2023 11 November

毎日の運気をチェック!

誘惑が多い月

DATE			
1	Wed.		パートナーといるときは他人に気をとられないで。
2	Thu.		あるだけお金を使ってしまうようなら、貯金を開始。
3	Fri.		答えが出ない場合でも行動！ 失敗もいい経験に。
4	Sat.		流行のファッションを調べて取り入れてみると◎。
5	Sun. ◑		ショックなことが起きても、1人で過ごせば冷静に。
6	Mon.		会話があらぬ方向に。客観的な視点をもとう。
7	Tue.		完璧を求めるのは避け、多少の欠点は見過ごして。
8	Wed.	不成就日	午前中は調子が出にくくても、午後はやる気が出そう。
9	Thu.		自分の意思をしっかり伝えよう。優柔不断はNG。
10	Fri.		つらくても、成長するチャンスと捉えて取り組んで。
11 一の酉	Sat.	一粒万倍日	噂話にのらないで。後で嫌な思いをしてしまうかも。
12	Sun.	一粒万倍日	正義感の強さに注目が集まり、信頼度がアップ。
13	Mon. ●		何かと時間がかかりそうな日。ゆとりある行動が吉。
14	Tue.		身の回りを整理整頓。不思議とイライラもスッキリ。
15	Wed.		臨時収入は、コツコツ続けてきたことのおかげかも。

16 Thu.	不成就日	今日は無理しない方がいい日。のんびり過ごそう。
17 Fri.		甘い言葉には危険が潜んでいるかも。慎重さが大切。
18 Sat.		風邪を引くなど体調を崩しそう。無理せず休息を。
19 Sun.		自信をなくしそうだけど、状況はよくなるはず！
20 Mon. ◐		体調もよく、やる気も十分。精力的に過ごせそう。
21 Tue.		ダラダラ厳禁。気分がのらなくてもテキパキ動こう。
22 Wed.		物事をスムーズに進めるにはやり方を見直してみて。
23 Thu. 二の酉	一粒万倍日	ポジティブな発言を意識すると心も穏やかに。
24 Fri.	一粒万倍日 不成就日	パートナーにいいことがあったら本人以上に喜ぼう。
25 Sat.		周りを気にしすぎないよう注意。自分をもって。
26 Sun.		人は人、自分は自分。ポジティブな言葉を唱えよう。
27 Mon. ●		面倒なことから逃げず努力してきた人には幸運が。
28 Tue.		続けていきたいことをリストアップするといい日。
29 Wed.		誘惑に負けないで。強い気持ちと真面目さがカギに。
30 Thu.		忙しくて会えなくても、大切な人にはフォローを。

● 新月 ◐ 上弦 ● 満月 ◑ 下弦

2023 12 December 再挑戦できる月

毎日の運気をチェック!

DATE			
1	Fri.		サポートするなら特定の誰かに偏りすぎないで。
2	Sat.	不成就日	実現できなかったアイデアを思い返すとヒントが。
3	Sun.		やるべきことは１つずつ取り組むと運気がアップ。
4	Mon.		１人よりもみんなで考えると、いい案が生まれそう。
5	Tue. ◐	一粒万倍日	放っておいた体の不調が悪化。健康を優先して。
6	Wed.	一粒万倍日	気になる人には告白。いい返事をもらえるかも。
7	Thu.	一粒万倍日	友達と久々の再会。話に花が咲いて時間を忘れそう。
8	Fri.	一粒万倍日	相談されたなら、解決策が見つかるまで考えよう。
9	Sat.		節約方法を見直して、今日からまた開始しよう。
10	Sun.	不成就日	風邪に用心。健康管理が運気安定のカギ。
11	Mon.		予定が狂って大パニック。慌てずに取り組んで。
12	Tue.		苦手な人にも目を見て挨拶を。余計なトラブル回避。
13	Wed. ●		遠くより、近くの場所にラッキーが眠っている日。
14	Thu.		今日初めて会う人は、今後キーパーソンになるかも。
15	Fri.		友達の優しさは素直に受け入れ、お返しを忘れずに。

16 Sat.		ボーナスは貯めた方がベター。突然の出費にも安心。
17 Sun.	不成就日	面倒なことにも向き合おう。経験が後で活きるはず。
18 Mon.		パートナーと思い出話を。絆を深めることができそう。
19 Tue.	一粒万倍日	慌てると失敗してしまうかも。落ち着いて行動を。
20 Wed. ◐	一粒万倍日	連絡をとっていない友達へ、年始の挨拶の準備。
21 Thu.		何事も一緒にのり越えられる人が運命の人かも。
22 Fri. 冬至		遠くに出かけたくなっても、夜は早めに帰宅しよう。
23 Sat.		パソコントラブルに注意。セキュリティを見直して。
24 Sun.		予想外の出来事で予定がキャンセル。諦めて対応を。
25 Mon.	不成就日	疲れで体調を崩しそう。しっかり体を温めて。
26 Tue.		自分の用事は後回し。家族との時間を大切にしよう。
27 Wed. ●		久しぶりに会う友達から、いい影響を受けられそう。
28 Thu.		今年を振り返り自分の弱点を克服できるよう決意を。
29 Fri.		調子が出ない日。今日は大人しく家で過ごそう。
30 Sat.		友達と忘年会を。1年を振り返る楽しい時間に。
31 Sun. 大晦日	一粒万倍日	気ままに飲んだり食べたり。ゆったり過ごせる日。

● 新月 ◐ 上弦 ● 満月 ◑ 下弦

2024

1 January

毎日の運気をチェック!

吉凶混ざり引きが強い月

DATE			
1 Mon.	元日	天赦日 一粒万倍日	新年早々懐かしい人に会えそう。縁を感じるかも。
2 Tue.		不成就日	出費が増えるかも。お年玉はケチらないでおこう。
3 Wed.			セールへ行ったら欲しい物だけを集中して探すと吉。
4 Thu.			お金の貸し借りで問題発生かも。金銭管理は慎重に。
5 Fri.			周囲の空気をよく読んで。自分勝手な行動は禁物。
6 Sat.			自分の成長のために、逃げずに取り組んでみよう。
7 Sun.	七草		新年会で新しいつながりが。好奇心旺盛に楽しんで。
8 Mon.			恋に前向きになれる日。生活にもハリが出そう。
9 Tue.			慎重さが成功のカギ。不安に思うことは調べよう。
10 Wed.		不成就日	昨年から続く不調があるなら、すぐに病院へ行こう。
11 Thu.			余裕のある日。多少のわがままも聞いてもらえそう。
12 Fri.			無駄話に注意。調子にのって時間を忘れないで。
13 Sat.		一粒万倍日	復縁を願うなら、謙虚で控え目な態度でいるのが◎。
14 Sun.			落ち着いた服装で出かけると好運につながりそう。
15 Mon.			周りから頼りにされるかも。優しい言葉でサポートを。

16 Tue.	一粒万倍日 不成就日	方向性を見失ったら、周りの人に意見を求めよう。
17 Wed.		誘いにのると吉。誘われなければまっすぐ帰宅を。
18 Thu. ◐		自分の欠点を見つめ直せば周囲からの評価も向上。
19 Fri.		トラブルを回避できて気持ちがラクになりそう。
20 Sat.		疲れが出るかも。気分転換に好きなことをしよう。
21 Sun.		貯蓄するお金も考えて来月の予定を立ててみよう。
22 Mon.		細かいことにこだわらず穏やかな関係を優先して。
23 Tue.		素直な気持ちを大切に。あなたの魅力がアップ。
24 Wed.	不成就日	うっかりしがち。お茶を飲んで気持ちを切り替えて。
25 Thu.	一粒万倍日	再挑戦への意欲が高まる日。夜に考え事をすると吉。
26 Fri. ○		自信がついて気持ちが大きく動くことがありそう。
27 Sat.		用事は午前中に済ませて午後はゆっくりがベター。
28 Sun.	一粒万倍日	早め早めの行動を心がけてミスを回避しよう。
29 Mon.		計画が変わりそう。冷静な考えの持ち主が救世主に。
30 Tue.		高い壁をのり越えた自分を想像して行動してみよう。
31 Wed.		大切にしてきた計画を思い切って実行に移してみて。

●新月 ◐上弦 ○満月 ◑下弦

毎日の運気をチェック!

2024 2 February 振り返ってみる月

DATE			
1	Thu.	不成就日	人からの申し出は、ありがたく受け入れよう。
2	Fri.		役割分担や連絡まで完璧なかじ取りができそう。
3 ◐ 節分	Sat.		気を抜くと風邪を引くかも。健康管理を徹底して。
4	Sun.		バレンタインデーの準備を。試作の出来栄えに満足。
5	Mon.		物事を進めたいときは落ち着いた行動を心がけて。
6	Tue.		親しい人の言動が気になりそう。決め事を作ると◎。
7	Wed.	一粒万倍日	貯金や節約方法など、自分のお金を見直してみよう。
8	Thu.		積極的にトレーニングを。理想の体型を考えて。
9	Fri.	不成就日	自分が間違っていないと思っても頑固な態度はNG。
10 ●	Sat.		周りからの意見は素直に受け入れた方がよさそう。
11	Sun.		用事が終わらなくて予定が崩れそう。仕切り直して。
12	Mon.	一粒万倍日 不成就日	初めての人と会うなら見栄をはらず自然体で話そう。
13	Tue.		ライバルとの仕事はお互いのレベルアップの機会に。
14	Wed.		あれこれ悩んでも仕方なし。鶴の一声で決まるかも。
15	Thu.		病気の予防はうがいと手洗いから。改めて徹底を。

16 Fri.		力を発揮できる日。友達のピンチには駆けつけて。
17 Sat.		気が多くなりそう。誘惑に負けない強い心をもとう。
18 Sun.		昔の写真を整理。懐かしい思い出に癒されそう。
19 Mon.	一粒万倍日	いつもは固い財布の紐も、今日は緩めてもいいかも。
20 Tue.	不成就日	体が芯から温まる料理を積極的に食べて過ごそう。
21 Wed.		頑張った分の見返りがなくても今は我慢が必要かも。
22 Thu.		トラブル対応に追われそう。謙虚な姿勢を大切に。
23 Fri.		頑張る姿を見ている人が。努力はいつか報われそう。
24 Sat.	一粒万倍日	親しい人との待ち合わせはいつもと違う場所で。
25 Sun.		周りの人たちとペースを合わせることも大事かも。
26 Mon.		妥協はNG。たまには自分に厳しくなることも必要。
27 Tue.		花粉症の人は、周りから情報を集め始めよう。
28 Wed.	不成就日	いつでもまとめ役になれるよう気を引き締めて。
29 Thu.		目の前のことから逃げ出したくなる日。誘惑に注意。

新月 上弦 満月 下弦

2024 3 March 運気が低迷する月

毎日の運気をチェック!

DATE			
1	Fri.		旧友に連絡をとるとよいニュースが聞けるかも。
2	Sat.	一粒万倍日	一度決めたことを貫けば、信用を得られる予感。
3 ひな祭り	Sun.		大切な人たちと集まって穏やかな日を過ごせそう。
4	Mon.		口止めしても秘密は漏れるものと思っておこう。
5	Tue.		ショックな出来事をきっかけに内面に変化の兆しが。
6	Wed.		なるようにしかならないことも。流れに身を任せて。
7	Thu.	不成就日	誰かと会って一緒にいた方が気持ちが晴れやかに。
8	Fri.		1人でできないことは、みんなの力を合わせて解決。
9	Sat.		大事なことは、視野を広げてから判断しよう。
10	Sun.	一粒万倍日	嫉妬されているかも。何事も冷静に大人の対応が吉。
11	Mon.	不成就日	ほめてくれた人には、素直にありがとうと伝えよう。
12	Tue.		注意力が散漫気味に。目の前のことに全集中を。
13	Wed.		昔の知人からのしつこい連絡には距離を置いてOK。
14	Thu.		寄り道をして散歩をしてみよう。癒されて前向きに。
15	Fri.	天赦日 一粒万倍日	普段とは違った自分を演出。人間関係が変わるかも。

16 Sat.		失敗しても自分を否定せずに流れに身を任せて。
17 Sun.		空回り気味なら、家で過ごすか早めの帰宅が◎。
18 Mon.		苦労した経験は、自分を成長させる糧になるはず。
19 Tue.	不成就日	新しい出会いがありそう。第一印象のアップを図って。
20 Wed.		家で仲間と楽しい時間を。手料理を披露すると吉。
21 Thu.		努力は報われるはず。もうひと踏ん張り頑張って。
22 Fri.	一粒万倍日	自分にご褒美をあげて機嫌よく過ごすようにしよう。
23 Sat.		離れて住む人に連絡を。相手も喜んでくれるはず。
24 Sun.		過去を振り返るよりも幸せな未来のために前進を。
25 Mon.		子どもや親しい人から元気をもらえそうな予感。
26 Tue.		資格取得に挑戦してみよう。仕事運がアップしそう。
27 Wed.	一粒万倍日 不成就日	大忙しの日に。好きな食べ物で1日の疲れを癒そう。
28 Thu.		急な連絡に備えて、メールのチェックは何度もしよう。
29 Fri.		情報に踊らされるかも。真偽をちゃんと確かめよう。
30 Sat.		大切な待ち合わせに遅刻しそう。早めに家を出て。
31 Sun.		遊びに行くならやるべきことを終わらせてから。

新月 上弦 満月 下弦

毎日の運気をチェック!

2024 4 April
八方塞がりになりやすい月

DATE			
1	Mon.		決断力のある友達に相談すると物事が上向きそう。
2	Tue.		責任の重い仕事も必要な経験と思って取り組んで。
3	Wed.	一粒万倍日	疲れを感じたなら周りを頼ってみることも大切。
4	Thu.	不成就日	自分の意見や意思があるなら伝える準備をしよう。
5	Fri.		思い込みが邪魔をするかも。柔軟に考えてみて。
6	Sat.	一粒万倍日	勢いにのって動けそう。やり残したことに再挑戦。
7	Sun.		食事はしっかり。新年度を乗り切る体力をつけよう。
8	Mon.		周りを心配するよりも自分の行いを振り返ってみて。
9	Tue.	一粒万倍日 不成就日	しつこい人には気をつけて。距離感を大切に。
10	Wed.		メールで寂しさを紛らわさず、外出して気分転換を。
11	Thu.		自己嫌悪に陥ったとしても成長につながるはず。
12	Fri.		悩みが晴れてきそう。運動すればさらにスッキリ!
13	Sat.		春らしいファッションを意識。軽やかな素材が◎。
14	Sun.		連休の行き先は多数決で決めると平和的な解決に。
15	Mon.		少しでも体調が悪いなら誘いは断った方がベター。

16 Tue. ◐		喜怒哀楽が激しい日になりそう。なるべく穏やかに。
17 Wed.	不成就日	予定が狂っても、割り切って過ごすことが大切。
18 Thu.	一粒万倍日	大型連休を前に節約。古い物を有効利用できるかも。
19 Fri.		仕事も勉強も、何事もじっくり取り組めそうな日。
20 Sat.		家族や仲間の優しさに癒される1日になりそう。
21 Sun.	一粒万倍日	話に首を突っ込むのは避けて。後始末をすることに。
22 Mon.		我慢の限界がきそう。うまくストレスを発散して。
23 Tue.		自分の発言には責任をもって。深呼吸を大切に。
24 Wed. ○		新しい趣味を始めるならワクワクするかで選んで。
25 Thu.	不成就日	人任せにせずに自分で調べて準備しておこう。
26 Fri.		良好な人間関係は素直に気持ちを伝えることから。
27 Sat.		ネガティブになったら部屋の空気を入れ替えて。
28 Sun.		助けてくれる人が出てきそう。感謝を忘れずに。
29 Mon.		イライラしたら目の前の幸せに集中してみよう。
30 Tue.	一粒万倍日	悩みがあるなら旧友に相談。いいアドバイスが。

● 新月 ◐ 上弦 ○ 満月 ◑ 下弦

2024 5 May

リセットの月

毎日の運気をチェック!

DATE			
1	Wed.		知的に見える服装で出かけると注目が集まりそう。
2	Thu.		言いたいことはタイミングを見計らってから発言を。
3	Fri.	一粒万倍日 不成就日	わがままは封印、協調性を心がけて行動すると吉。
4	Sat.		自分が中心になるのではなく、判断を人に委ねよう。
5	Sun. 端午の節句		無理をして外出せずに家で楽しめることを探して。
6	Mon.		払い忘れがないか確認。お金の勉強を始めるのも◎。
7	Tue.		こだわりすぎずに広い心で接するように心がけて。
8	Wed.		自分の意見をしっかり伝えて仕事を進めよう。
9	Thu.		気分がモヤモヤするならお風呂でリフレッシュ。
10	Fri.		母の日の贈り物を準備。感謝の気持ちを伝えよう。
11	Sat.	不成就日	冷静に考えることで不快な言動を回避できるはず。
12	Sun.		友達との約束をうっかり忘れないように注意して。
13	Mon.		見栄っ張りはNG。お金には慎重なくらいがベター。
14	Tue.		過去から得た学びを、明日から行動に反映してみて。
15	Wed.	一粒万倍日	違和感や嫌な印象を受けたら、その場から離れよう。

16	Thu.	一粒万倍日	思わぬ出来事があっても逃げ出さないことが大事。
17	Fri.		執着は手放そう。縁のないものとはきっぱり離れて。
18	Sat.		清潔感を大事に。特に靴の汚れには注意しよう。
19	Sun.	不成就日	友達から頼まれ事が舞い込みそう。快く引き受けて。
20	Mon.		ダメ出しされても直感に従って発言してみよう。
21	Tue.		健康は日々の習慣が肝心。歯のケアもしっかりと。
22	Wed.		人の用事は後回しで OK。今日は自分ファーストで。
23	Thu.		気持ちがザワつく出来事が。家族がよりどころに。
24	Fri.		今度こそ本格的に貯蓄を。貯まる方法を調べてみて。
25	Sat.		寝る前の行動を工夫して、快眠を心がけよう。
26	Sun.		趣味の仲間と盛り上がれそう。夜は早めに帰宅を。
27	Mon.	一粒万倍日 不成就日	ネガティブな考えが続きそう。割り切って前向きに。
28	Tue.	一粒万倍日	将来自分がどうなりたいかを具体的に考えてみよう。
29	Wed.		デスクや身の回りを整理して。気分も晴れやかに。
30	Thu.	天赦日	心の向くままに挑戦を。新しいひらめきがあるかも。
31	Fri.		得意なことが注目されそう。頼まれたら教えよう。

新月 上弦 満月 下弦

毎日の運気をチェック！

2024 6 June
新スタートの月

DATE			
1	Sat.		初対面の人には積極的にいいリアクションをすると◎。
2	Sun.		悪口を言われても、涼しい顔をして無視が賢明。
3	Mon.		気配り上手なところが異性から注目の的になりそう。
4	Tue.	不成就日	周りが気になりそわそわ。目の前のことに集中して。
5	Wed.		スピードが大切。指示があったら素早く対応。
6	Thu. ●		自分磨きにもお金を使うことで運気がアップしそう。
7	Fri.		一緒に過ごすなら同僚より趣味の友達の方が開運に。
8	Sat.		メッセージは送信前に見返そう。誤解があるかも。
9	Sun.		面倒なことでも、視点を変えたらメリットあり。
10	Mon.	一粒万倍日 不成就日	未達成の目標を思い出し、再び動き出す準備を。
11	Tue.	一粒万倍日	梅雨を快適に過ごすためのアイテムを探してみよう。
12	Wed.		手一杯になりそう。迷惑をかけない程度に休憩を。
13	Thu.		習い事を始めるなら基本をしっかり学ぶことが大事。
14	Fri. ◐		自分の考えと違っても落ち込まないで冷静になって。
15	Sat.		探していたものが見つかるかも。前向きに過ごそう。

16 Sun.		面倒な人と思われないように騒ぐのはやめよう。
17 Mon.		努力の積み重ねが強いメンタルのもとになるはず。
18 Tue.	不成就日	成果はすぐには出ないもの。焦らずに取り組んで。
19 Wed.		笑顔を心がけることで物事がスムーズに進みそう。
20 Thu.		自分の希望よりも相手の立場に立って提案をしよう。
21 Fri.		集中できる日。環境を整えると何事もはかどりそう。
22 Sat.	一粒万倍日	ショックな出来事は、思いを整理したら忘れよう。
23 Sun.	一粒万倍日	出かけるなら初めて行く場所へ。楽しく過ごせそう。
24 Mon.		流れに身を任せると、自然に道が開けてくるかも。
25 Tue.		先輩のやり方を真似して徐々に自分のものにしよう。
26 Wed.	不成就日	蒸し暑さと疲れでダウン気味。胃腸に優しい食事を。
27 Thu.		つらい状況から脱出して仲間とひと息つけそう。
28 Fri.		興味のアンテナが増えそう。取捨選択がカギ。
29 Sat.		昔を思い出して泣きたくなるかも。前向きに!
30 Sun. 夏越の祓		自分に甘いご褒美を。ダイエット中でも今日はOK。

新月 上弦 満月 下弦

2024 7 July

毎日の運気をチェック!

物事を見直す月

DATE			
1	Mon.		仕事がスムーズに進んで満足感で満たされそう。
2	Tue.		見た目に惑わされるかも。慎重に会話しよう。
3	Wed.		夏風邪では済まないことも。体力を過信しないこと。
4	Thu.	一粒万倍日 不成就日	予定が流れるかも。残念でも気持ちを切り替えて。
5	Fri.	一粒万倍日	新しいストレッチに挑戦。憂鬱な気分もスッキリ。
6	Sat.	●	縁の下の力持ち的な行動が友達から頼りにされそう。
7 七夕	Sun.		仲間内での役割を見つければ関係がスムーズに。
8	Mon.	一粒万倍日	趣味に没頭して周りが見えなくなるようなら改善を。
9	Tue.		自分の特技が活かせる場には積極的に参加しよう。
10	Wed.		世話を焼きすぎて鬱陶しく思われないよう注意して。
11	Thu.	不成就日	丁寧な暮らしが明日につながっていると気づける日。
12	Fri.		お金を使いすぎているかも。金銭感覚をしっかりと。
13	Sat.		週末の時間を楽しんで。帰り時間は早めが◎。
14	Sun.	◐	押し切られそうでも決断は後日にした方がベター。
15	Mon.		興味が湧いたことでも、危険だと感じたら即退散!

16 Tue.		同僚の活躍に心がザワザワ。気合いを入れ直そう。
17 Wed.	一粒万倍日	アウトドアなど新しい遊びの計画を立てると吉。
18 Thu.		先延ばしにしていた問題を見直して考えてみて。
19 Fri.	不成就日	意見を通したいなら、落としどころを見極めよう。
20 Sat.	一粒万倍日	年上からの話には耳を傾けよう。いつか役立つはず。
21 Sun. ●		トラブルが起きてもすぐに謝まって関係を守ろう。
22 Mon.		うっかりミスが増えそう。常にメモする習慣を。
23 Tue.		目の前の幸せを再確認すると判断ミスを防げそう。
24 Wed.		中途半端な物事は、行動次第で来月に動き出すかも。
25 Thu.		良好な関係に横やりが入りそう。周りの言動に注意。
26 Fri.		気持ちが緩みがち。戸締りのチェックなど忘れずに。
27 Sat.	不成就日	思い通りにならないことが。深呼吸して落ち着いて。
28 Sun. ◑		失敗してしまっても気持ちを切り替えて前向きに。
29 Mon.	天赦日 一粒万倍日	今後の新しい道が目に見える形で現れるかも。
30 Tue.		仕事に集中しすぎて眉間にシワが。鏡で表情を確認。
31 Wed.		手抜きや妥協はNG。一生懸命努力することが大事。

●新月 ◐上弦 ●満月 ◑下弦

2024 8 August 決断する月

毎日の運気をチェック!

DATE			
1	Thu.	一粒万倍日	悪口は自分に返ってくることが。口を慎むのが賢明。
2	Fri.		周囲から必要とされそう。得意分野でサポートして。
3	Sat.		誘惑が多そう。大切な人を傷つけないように注意。
4	Sun.	●	親に何度も言われてきたことを思い出してみよう。
5	Mon.		必要なものは遠回りをした方が手に入れられそう。
6	Tue.	不成就日	張り詰めた雰囲気は率先して穏やかに変えていこう。
7	Wed.		周囲への配慮を忘れずに。大声での電話は控えて。
8	Thu.		気がのらないなら誘いはお断りを。無理をしないで。
9	Fri.		ぼんやりする時間が増えそう。足元に気をつけて。
10	Sat.		夢や希望に向かって動き出すことで新しい変化が。
11	Sun.	一粒万倍日	夏の疲れは昼寝で解消。まったり過ごして体力回復。
12	Mon.	天赦日	やるべきことをリスト化しておくと、いい流れに。
13	Tue.	◐	愚痴っぽくなりそう。家族や仲間の有難さに感謝を。
14	Wed.	不成就日	帰省したなら、会う人みんなに感謝を伝えていこう。
15	Thu.		ネガティブな言葉で気をひこうとする人に要注意。

16 Fri.		一粒万倍日	旧友に悩みを相談されるかも。親身に話を聞いて。
17 Sat.			家や実家から価値のある物が見つかりそうな予感。
18 Sun.			弱音を吐く前に、もう少しだけ頑張ってみよう。
19 Mon.			余裕がないなら１人の時間で自分を取り戻して。
20 Tue.	○		用件はメモにまとめてから話すと伝わりそう。
21 Wed.			親しい人が別の道を選んだとしても尊重しよう。
22 Thu.		不成就日	面倒なことこそゲーム感覚でクリアしていこう。
23 Fri.		一粒万倍日	気ままに歩いて気分転換。好きな方角へ行ってみて。
24 Sat.			思わぬひらめきが場の雰囲気を一新。感謝されそう。
25 Sun.			生活を見直そう。健康な心身は自分で作るもの。
26 Mon.	◑		活発に働く姿が注目されそう。気を抜かないで。
27 Tue.			ストレスの大きい仕事が一段落。活力を復活させて。
28 Wed.		一粒万倍日	１人の時間を大切にすることで運気もアップ。
29 Thu.			ちょっとした贅沢で心を満たして元気回復！
30 Fri.		不成就日	親しい間柄の人にこそ言葉で気持ちを伝えよう。
31 Sat.			周りの意見に耳を傾けて。よりよい選択ができそう。

● 新月 ◐ 上弦 ○ 満月 ◑ 下弦

2024 9 September メンテナンスの月

毎日の運気をチェック!

DATE		
1 Sun.		他人を羨ましがらず自分のよさを見つけてみて。
2 Mon.		体に不調を感じたら生活のリズムをリセットしよう。
3 Tue. ●		物事はポジティブに受け止めよう。新しい発見が!
4 Wed.	一粒万倍日 不成就日	仕事のスケジュールは厳守して信頼を得よう。
5 Thu.		直感で選んだものを職場に差し入れすると吉。
6 Fri.		気分が落ち込んだときは歌うことで吹き飛ばして。
7 Sat.		手助けは気力も体力も万全なときに。無理は禁物。
8 Sun.		人に気づいてもらえなくても、自分が満足なら◎。
9 Mon. 重陽の節句		やる気を回復させたいなら食事に気を遣おう。
10 Tue.		こだわりはもってOK。妥協しないで進めてみて。
11 Wed. ◐		イベントを楽しもう。今日は少人数がいいかも。
12 Thu.	一粒万倍日 不成就日	責任感のない発言は控えて。1日を静かに過ごそう。
13 Fri.		体の不調を感じたら原因を決めつけずに病院へ。
14 Sat.		諦めも必要だけど、希望があるなら投げ出さないで。
15 Sun.		お金の管理方法を見直して。家族への相談も賢明。

16 Mon.		他人の意見に流されそう。自分の意思はしっかりと。
17 Tue. 中秋の名月	一粒万倍日	決めたことが計画通りに進みそう。仲間とお祝いを。
18 Wed.		食事の時間を大切に。忙しくても栄養バランスを意識。
19 Thu.		自分を甘やかしていい日。少し贅沢なことをしよう。
20 Fri.	不成就日	周囲の身勝手な言動に苛立ちそう。冷静さを保とう。
21 Sat.		不平不満をこぼすより、できることから始めてみて。
22 Sun.		真面目に取り組めば、ゆっくりでも前進できそう。
23 Mon.		待つよりも動く方が正解。うれしい報告がある予感。
24 Tue.	一粒万倍日	相手が気がつかないくらい、さりげなくサポートを。
25 Wed.		自分の隠れた才能は、面倒な仕事で開花するかも。
26 Thu.		ときめかなくなったものは手放して。整理整頓が吉。
27 Fri.		新しい一面を引き出してくれそうな秋服を見つけて。
28 Sat.	不成就日	優しい口調ならば言いにくいことも伝わりそう。
29 Sun.	一粒万倍日	迷ったなら、直感に従って決めることも大切。
30 Mon.		寒暖差には気をつけて。羽織もので調整しよう。

● 新月 ◐ 上弦 ● 満月 ◑ 下弦

毎日の運気をチェック!

2024 10 October
努力が報われる月

DATE			
1 Tue.			人は支え合って生きていくものと改めて気づけそう。
2 Wed.			軽はずみな行動で他人を勘違いさせてしまう予感。
3 Thu.	●	不成就日	馴染みの場所に行くと、懐かしい人と偶然の再会が。
4 Fri.			お財布に余裕が生まれそう。自分への投資もGOOD。
5 Sat.			家でまったりするよりも外出して外の空気を吸おう。
6 Sun.		一粒万倍日	優柔不断な態度はトラブルのもと。意思を伝えて。
7 Mon.			人の目が気になりそう。自分自身に集中しよう。
8 Tue.			身に覚えのないことで動揺しそう。冷静に対処して。
9 Wed.		一粒万倍日	新しい節約方法がひらめきそう。実践してみよう。
10 Thu.			のんびりしていても切り替えのタイミングは大切に。
11 Fri.	◐	天赦日 不成就日	人間関係の見直しには、年上の人に意見を求めて。
12 Sat.		一粒万倍日	思わぬ出来事には感情的にならず、冷静な対応が◎。
13 Sun.			日記やメモを読み返すと自分へのアドバイスが!
14 Mon.			相手が許してくれていても身勝手な言動は控えよう。
15 Tue.			ダイエットを再び決意したならストイックに励んで。

16 Wed.		季節を感じられるお出かけの計画を立ててみよう。
17 Thu.		将来を見据えると、やるべきことが見えてくるはず。
18 Fri.		1つのことに夢中になりそう。周りをよく見よう。
19 Sat.	不成就日	避けてきたことに直面する予感。謙虚に対応して。
20 Sun.		やりたいことが見つかりそう。現実的に考えてみて。
21 Mon.	一粒万倍日	新しい分野に飛び込めばうれしい成果を得られそう。
22 Tue.		ランチはカフェでゆっくり過ごすのもいいかも。
23 Wed.		決定事項を伝えるときは口調に気をつけて言おう。
24 Thu.	一粒万倍日	知ったかぶりな態度はやめて正解。誠実さが一番。
25 Fri.		裏方に回るのが◎。いい刺激を受けて飛躍できそう。
26 Sat.		周りの人の優しさを実感。感謝の気持ちを伝えよう。
27 Sun.	不成就日	面倒なことはルーティン化してスムーズにやろう。
28 Mon.		童心に返って楽しむことでアイデアが湧いてきそう。
29 Tue.		思い込みには気をつけよう。考え直して問題を回避。
30 Wed.		トラブルには原因があるはず。本質を見極めよう。
31 Thu.		学びたいならば決めつけはNG。頭を柔らかく。

新月 上弦 満月 下弦

2024

11 November

誘惑が多い月

毎日の運気を
チェック!

DATE			
1	Fri.		頑固になると解決が遠のきそう。引くことも大事。
2	Sat.	一粒万倍日	興味が湧いたことに挑戦。没頭しすぎには注意を。
3	Sun.		苦手なことはプロの意見を参考に。スムーズに進みそう。
4	Mon.	不成就日	頼られても張り切りすぎると空回り。普段通りに。
5 一の酉	Tue.	一粒万倍日	気ままな態度は控えて。一気に好感度アップ。
6	Wed.		集まるなら心から好きな仲間と。話が大盛り上がり。
7	Thu.		予想外のことが発生。クールな態度で乗り切って。
8	Fri.		運命の出会いは、身近な人がもたらしてくれそう。
9	Sat.		プライベートが充実。睡眠時間の確保を大切に。
10	Sun.		読書をして気分転換。ゆったり穏やかに過ごそう。
11	Mon.		朝の準備に手間取りそう。早起きを心がけて。
12	Tue.	不成就日	精神的にグッタリ。無理をせずに休息をとろう。
13	Wed.		人をうらやむよりも自分磨きに力を入れよう。
14	Thu.		新しいヘアスタイルにして気持ちをリフレッシュ。
15	Fri.		苦手な人でも困ったときには力になってくれるはず。

16 Sat. ○			欲しい物でも飛びつかず確認してから購入して。
17 Sun.	二の酉	一粒万倍日	風邪は引き始めの対処が肝心。我慢せずに休んで。
18 Mon.		一粒万倍日	親しい人からうれしい報告が。一緒に喜ぼう。
19 Tue.			過去よりも未来を思い描いて、自分を作っていこう。
20 Wed.		不成就日	継続が結果につながりそう。諦めず努力しよう。
21 Thu.			思い切った計画でもタイミング次第でいい方向へ。
22 Fri.			予定は詰めずに臨機応変に楽しんで過ごそう。
23 Sat. ◑			あちこち寄ると浪費しそう。用事が済んだら帰宅を。
24 Sun.			自分の夢や希望を再確認。謙虚な気持ちを大切に。
25 Mon.			考えすぎて不安になるなら一度リセットしてみて。
26 Tue.			横着な自分とさよならできて意欲的になれそう。
27 Wed.			うわの空で返事をしないように気をつけよう。
28 Thu.		不成就日	忙しくても年末の準備をしておくと仕事がラクに。
29 Fri.	三の酉	一粒万倍日	体調が思わしくないなら無理せず早めに就寝。
30 Sat.		一粒万倍日	棚からぼたもちの出来事があったら、友達とシェア。

● 新月 ◐ 上弦 ○ 満月 ◑ 下弦

2024 12 December

毎日の運気をチェック!

再挑戦できる月

DATE		
1 Sun.		昔の恋人と再会の予感。軽い挨拶程度に留めて。
2 Mon.		慌ただしくても年末の準備を着々と始めよう。
3 Tue.		次への土台が築けているなら自分へご褒美もOK。
4 Wed.		月初から息切れ。用事が済んだら早めに帰宅して。
5 Thu.	不成就日	苦手なことからは逃げられなそう。覚悟して対処を。
6 Fri.		人の上に立てば苦労はするもの。忍耐力を養おう。
7 Sat.		約束を間違えそう。スケジュール管理はしっかりと。
8 Sun.		普段は通らない道を散歩。新しい発見があるかも。
9 Mon.		無理せず仲間を頼ろう。快く助けてくれるはず。
10 Tue.		熱量低めで始めたことが上達。隠れた才能が開花。
11 Wed.		体調が思わしくないなら無理せず病院へ行こう。
12 Thu.		溜まっていた仕事は一気に片づけてしまおう。
13 Fri.	一粒万倍日 不成就日	繁忙期にケガは避けたいもの。足元に気をつけよう。
14 Sat.	一粒万倍日	友達との思い出が頭に浮かびそう。相手に連絡を。
15 Sun.		作り置きや食材を冷凍して食生活を充実させてみて。

16 Mon.			冬の寒さで早起きが苦手に。気合いを入れよう。
17 Tue.			気落ちする出来事が。好きなことで元気をチャージ。
18 Wed.			肩書きではなく相手の人柄を見ることが大事。
19 Thu.			優柔不断の傾向に。年上の人に助言を求めてみて。
20 Fri.			親しい人との飲み会は、盛り上げ役に徹すると吉。
21 Sat. 冬至		不成就日	1人の休日を気にかけてくれる人が、恋の相手かも。
22 Sun.			やるべきことは優先順位を決めて慎重に取り組もう。
23 Mon.	◑		気持ちの余裕がなくなっても、マナーは大切に。
24 Tue.			クリスマスイブの夜はムードのあるお店で乾杯。
25 Wed.		一粒万倍日	周りの雰囲気にのまれるかも。冷静さを保って。
26 Thu.		天赦日 一粒万倍日	集中して仕事をしていると、周囲からほめられそう。
27 Fri.			年末らしさを感じることをやってみて。プチ贅沢が◎。
28 Sat.			頑張った今年の自分を振り返り、ねぎらって。
29 Sun.		不成就日	じっくりと自問自答して、来年の目標を見つけよう。
30 Mon.			忘年会でのハメの外しすぎに注意。早めに帰ろう。
31 Tue. 大晦日	●		うっかりミスに注意。気を抜かず大晦日を過ごして。

● 新月 ◐ 上弦 ● 満月 ◑ 下弦

OTHER PROFILE

他の天星のプロフィール

天星は全部で12タイプ。
自分以外の天星についても知って、
人付き合いに役立ててくださいね。

Profile

載っていること

基本性格

各天星のトリセツ

2024年の開運のカギ

開運色・アイテム・スポット

2024年の開運相性

その星から見た基本の相性

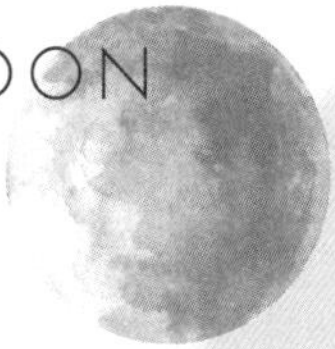

MOON

柔らかな愛と
“繊細な光のエネルギー”をもつ

月グループ

バランス感覚と
“自然な光のエネルギー”をもつ

地球グループ

EARTH

秘めたパワーと
“情熱の光のエネルギー”をもつ

太陽グループ

SUN

上弦の月

無邪気で警戒心の強い癒し系

基本性格

美的感覚が鋭く、慎重そうに見えて直感型のタイプ。警戒心は強いですが根が純粋なので、いい人だなと感じるとすぐ信じてしまうことも。仲がいいと無意識のうちにわがままになりやすく、愛が感じられないと不安定になる一面も。自分を認めてくれ、安らぎをくれる人といることが開運につながります。

上弦の月のトリセツ

⬆好きなこと・喜ぶこと

- 好きな人と過ごすこと
- 優しく気遣われること
- お姫様、王子様扱い
- 安心できる場所や人
- すぐ返信、すぐ対応
- 親しい人との飲み

⬇嫌がること・ストレスになること

- 放置される、既読スルー
- 頑張りを評価されないこと
- 人と比べられること
- 突然のお誘い
- アウェイな場所
- 思い通りにいかない環境

2024年の開運のカギ

やるといいこと	好きなことに没頭する
気をつけるべきこと	胃の不調。休息をしっかりとる

2024年の開運相性

恋愛運を上げる天星	仕事運をのばす天星	金運をのばす天星
上弦の月 × 満月	上弦の月 × 真昼	上弦の月 × 空

基本の開運色
白

2024年の開運色
トマトレッド

2024年の開運アイテム
パワーストーン

2024年の開運スポット
水がキレイな場所

天星タイプ別 基本の相性

上弦の月 × 満月 ★★★★★	上弦の月 × 大陸 ★★★☆☆
上弦の月 × 上弦の月 ★★★★☆	上弦の月 × 海 ★★★★☆
上弦の月 × 下弦の月 ★☆☆☆☆	上弦の月 × 朝日 ★★★★☆
上弦の月 × 新月 ★★☆☆☆	上弦の月 × 真昼 ★★★★☆
上弦の月 × 空 ★★☆☆☆	上弦の月 × 夕焼け ★★★★☆
上弦の月 × 山脈 ★★☆☆☆	上弦の月 × 深夜 ★★☆☆☆

★下弦の月★

ノリで勝負な愛嬌の達人

基本性格

好奇心旺盛で大器晩成型の気質をもち、出世するタイプ。仲よくなると気さくで、興味があることであれば臨機応変に対応できるなど順応性は高め。ただし飽きっぽくて集中力のないところがあり、興味のない話は聞いている風。根は明るく少し抜けている天然タイプですが、そこが大きな魅力です。

下弦の月のトリセツ

⬆好きなこと・喜ぶこと

- 好きな人たちからの応援
- 家族にほめられること
- 可能性を広げてくれる人
- 無添加や体によいもの
- 一流に触れること
- 自分を尊重してくれる人

⬇嫌がること・ストレスになること

- 否定されること
- 間違いを正されること
- 忘れないでと強制される
- 孤独感
- 「好き」を共感されない
- 責任を問われること

2024年の開運のカギ

やるといいこと	責任をもって何事も最後までやり抜く
気をつけるべきこと	キツイ口調や上辺だけの返事

2024年の開運相性

恋愛運を上げる天星	仕事運をのばす天星	金運をのばす天星
下弦の月 × 空	下弦の月 × 大陸	下弦の月 × 真昼

基本の開運色	黄色
2024年の開運色	ピンクベージュ
2024年の開運アイテム	財布
2024年の開運スポット	神社仏閣

天星タイプ別 基本の相性

下弦の月 × 満月 ★★☆☆☆	下弦の月 × 大陸 ★★★★★
下弦の月 × 上弦の月 ★★★★☆	下弦の月 × 海 ★★★★☆
下弦の月 × 下弦の月 ★★★☆☆	下弦の月 × 朝日 ★☆☆☆☆
下弦の月 × 新月 ★☆☆☆☆	下弦の月 × 真昼 ★★★☆☆
下弦の月 × 空 ★★★★☆	下弦の月 × 夕焼け ★★★★☆
下弦の月 × 山脈 ★★★☆☆	下弦の月 × 深夜 ★★★★★

新月

想像力が豊かな寂しがり屋

基本性格

想像力が豊かでクリエイティブな発想に優れています。芸術的センスも抜群。本心を隠す傾向があり、警戒心が強い反面、本質は寂しがり屋です。心を許せる相手には本当の自分をさらけ出すことができます。自分の信念をもち、知識や能力を高めることに集中するといい方向にいくでしょう。

新月のトリセツ

⬆好きなこと・喜ぶこと

- マメな連絡、情報の共有
- 記念日を大切にすること
- 真剣な話し合い
- 気にかけてくれる人
- 好きなものを写真に収める
- 自分の考えに寄り添う人

⬇嫌がること・ストレスになること

- いい加減な態度
- 既読スルー
- 苦しみを分かち合えない
- 場を乱す人
- SOSを見過ごされる
- ひとりぼっちにされる

2024年の開運のカギ

やるといいこと	感動体験やワクワクすることをしてみる
気をつけるべきこと	自信をなくさない

2024年の開運相性

恋愛運を上げる天星	仕事運をのばす天星	金運をのばす天星
新月×深夜	新月×夕焼け	新月×朝日

基本の開運色
銀色

2024年の開運色
エメラルドグリーン

2024年の開運アイテム
ピンキーリング

2024年の開運スポット
星空がキレイな場所

天星タイプ別 基本の相性

新月×満月 ★★★★☆	新月×大陸 ★★★☆☆
新月×上弦の月 ★★★★☆	新月×海 ★★★★☆
新月×下弦の月 ★★☆☆☆	新月×朝日 ★★★★★
新月×新月 ★☆☆☆☆	新月×真昼 ★★★★☆
新月×空 ★★★★☆	新月×夕焼け ★☆☆☆☆
新月×山脈 ★★☆☆☆	新月×深夜 ★★★★☆

空

包容力豊かな頑張り屋さん

基本性格

面白そうなことが大好きで、寛大な心のもち主。面倒見がよく困っている人を放っておけず、つい張り切ってしまうタイプ。自分に自信がないため人と比べ落ち込むと愚痴が多めに。どこか抜けていてツメが甘い面がある一方、仕事と恋愛の両立も得意な頼れるマルチプレーヤー。見栄っ張りで身内に冷たくなる傾向も。

空のトリセツ

⬆好きなこと・喜ぶこと

- いきつけの場所に行く
- 手土産（もらう、あげる）
- 気の合う人と食事＆談笑
- 自慢できる環境
- 満足感がある買い物
- お茶の時間

⬇嫌がること・ストレスになること

- 注意されること
- プライドを傷つけられる
- 仕事を邪魔される
- 異性関係に口出しされる
- すぐに対応しない人
- 待たされること

2024年の開運のカギ

やるといいこと	食のバランスを大切にし、欲を制御
気をつけるべきこと	体の不調のサインを見過ごさない

2024年の開運相性

恋愛運を上げる天星	仕事運をのばす天星	金運をのばす天星
空 × 下弦の月	空 × 朝日	空 × 上弦の月

基本の開運色
水色

2024年の開運色
白

2024年の開運アイテム
キーケース

2024年の開運スポット
レトロな喫茶店

天星タイプ別 基本の相性

空 × 満月	★★★☆☆	空 × 大陸	★★☆☆☆
空 × 上弦の月	★★★★☆	空 × 海	★★★★☆
空 × 下弦の月	★★★★☆	空 × 朝日	★★☆☆☆
空 × 新月	★★☆☆☆	空 × 真昼	★★★★☆
空 × 空	★★★★★	空 × 夕焼け	★★☆☆☆
空 × 山脈	★★★★☆	空 × 深夜	★★★★★

山脈

平和主義なお茶目さん

基本性格

1つひとつ着実に自信をつけ、協調性を重んじる安定志向タイプ。興味をもてない人付き合いは面倒に思いがちですが、周りを和ませる愛嬌があり、実は幅広い交友関係を築ける社交性を隠しもっています。ドライなリアリストで論理的な面も。ほめられたり、認められることで大きく成長します。

山脈のトリセツ

⬆好きなこと・喜ぶこと

- 自然なほめまくり攻撃
- 自分の目標をクリア！
- 自分のペースで進行
- お得を感じること
- 趣味に没頭できること
- レアな物、価値がある物

⬇嫌がること・ストレスになること

- 面倒くさいこと
- 自分に無関係な話
- 効率が悪いこと
- タスクが終わらない状況
- 騒がしい場所や大きな音
- 非常識なこと

2024年の開運のカギ

やるといいこと 1人の時間やリフレッシュを大切に

気をつけるべきこと 自分にも人にも厳しくしない

2024年の開運相性

恋愛運を上げる天星	仕事運をのばす天星	金運をのばす天星
山脈×**海**	山脈×**山脈**	山脈×**大陸**

基本の開運色
緑

2024年の開運色
黄色

2024年の開運アイテム
トートバッグ

2024年の開運スポット
緑が多く静かな場所

天星タイプ別 基本の相性

山脈×満月	★★★☆☆	山脈×大陸	★★☆☆☆
山脈×上弦の月	★★☆☆☆	山脈×海	★★★☆☆
山脈×下弦の月	★★★★★	山脈×朝日	★★★★☆
山脈×新月	★☆☆☆☆	山脈×真昼	★☆☆☆☆
山脈×空	★★★★☆	山脈×夕焼け	★★★☆☆
山脈×山脈	★★★★☆	山脈×深夜	★★★☆☆

大陸

冷静沈着な感性先取りタイプ

基本性格

才能豊かで独自のセンスのもち主。穏やかに見えて正義感が強く、決断が早く勝気なところも。情にもろく義理堅い面もあり、一旦やると決めたらやり抜く責任感の強い人です。実は慎重で小心者なので無意識のうちに自分を守ろうとしますが、親しい人の間では可愛いムードメーカーになるタイプです。

大陸のトリセツ

⬆好きなこと・喜ぶこと

- 憧れ、尊敬されること
- 成功すること
- すべて把握できる環境
- 自分が1番の状況
- 時間配分通りに進むこと
- ストレス解消の買い物

⬇嫌がること・ストレスになること

- バカにされること
- 口だけの人
- 手柄を奪われること
- 自分から折れること
- 弱い面を見破られること
- 服装やセンスへの口出し

2024年の開運のカギ

やるといいこと “笑い”を大切にしてみる

気をつけるべきこと すべて1人で抱え込まない

2024年の開運相性

恋愛運を上げる天星	仕事運をのばす天星	金運をのばす天星
大陸×夕焼け	大陸×下弦の月	大陸×山脈

基本の開運色
赤

2024年の開運色
シルバー

2024年の開運アイテム
ネイル
ハンドクリーム

2024年の開運スポット
湧き水がおいしい所

天星タイプ別 基本の相性

組み合わせ	相性	組み合わせ	相性
大陸×満月	★★★☆☆	大陸×大陸	★★★☆☆
大陸×上弦の月	★★★★☆	大陸×海	★★★★☆
大陸×下弦の月	★★★☆☆	大陸×朝日	★★★★★
大陸×新月	★★☆☆☆	大陸×真昼	★☆☆☆☆
大陸×空	★★★★☆	大陸×夕焼け	★★★★☆
大陸×山脈	★★☆☆☆	大陸×深夜	★★★☆☆

海

二面性を隠しもった完璧主義者

基本性格

広く穏やかな海のように優しい雰囲気をもつ反面、完璧主義で深い海のように底知れぬ野心を隠しもっているタイプ。奥深くには、自分を守る強力な保護があり、自分軸が強め。人を信用するまで時間がかかります。自分でも自覚できていない思い込みや思考の癖をもつ実は頑固な人。本音を語らず、少々ドライな一面もあります。

海のトリセツ

⬆好きなこと・喜ぶこと

- 特別扱いされること
- 若く見られほめられること
- 丁寧にお礼を言われる
- ツボを押さえたほめ言葉
- 理解してもらえること
- 秘密を共有した優位な状況

⬇嫌がること・ストレスになること

- 自分のルールを変えること
- 人前で怒られること
- 自分をさらけ出すこと
- 短所を指摘してくる人
- 土足で踏み込まれること
- 思い通りにならないこと

2024年の開運のカギ

やるといいこと　謙虚な気持ちで心からの感謝をする

気をつけるべきこと　自分の固定観念に捉われない

2024年の開運相性

恋愛運を上げる天星	仕事運をのばす天星	金運をのばす天星
海×真昼	海×深夜	海×朝日

基本の開運色
青

2024年の開運色
オレンジ

2024年の開運アイテム
ゴールドピアス イヤリング

2024年の開運スポット
動物がいる場所

天星タイプ別 基本の相性

組み合わせ	相性	組み合わせ	相性
海×満月	★★☆☆☆	海×大陸	★★★☆☆
海×上弦の月	★☆☆☆☆	海×海	★☆☆☆☆
海×下弦の月	★★★☆☆	海×朝日	★★★☆☆
海×新月	★★☆☆☆	海×真昼	★★★☆☆
海×空	★★★★☆	海×夕焼け	★☆☆☆☆
海×山脈	★★★★☆	海×深夜	★★★★★

朝日

自由気ままな気分屋さん

基本性格

マイペースで冒険心旺盛、楽しいことが大好き。実は人見知りですが、趣味やノリが同じ人とはすぐに仲よくなれます。根は無邪気で、意外に単純。枠にはまらず自由に生きたいという願望も。飽きっぽいですが、気分がのれば驚くほどの行動力を発揮し、周りを驚かせることもあります。

朝日のトリセツ

⬆好きなこと・喜ぶこと

- 自由な自分の時間
- 好きなことをやれる環境
- 優位に立てる状況
- 尊敬されること
- ゲームや漫画タイム
- 趣味やノリが同じこと

⬇嫌がること・ストレスになること

- 強制されること
- ルールを無視する人
- 細かい指示や確認作業
- 自分の時間を邪魔する人
- 比べられたりバカにされる
- 逃げ場がないこと

2024年の開運のカギ

やるといいこと　スマホより目の前の相手を大切に

気をつけるべきこと　ケガ。損得勘定で物事を決めない

2024年の開運相性

恋愛運を上げる天星	仕事運をのばす天星	金運をのばす天星
朝日×山脈	朝日×空	朝日×新月

基本の開運色
蛍光色

2024年の開運色
ゴールド

2024年の開運アイテム
帽子

2024年の開運スポット
歴史を感じる場所

天星タイプ別 基本の相性

朝日×満月 ★★☆☆☆	朝日×大陸 ★★★★★
朝日×上弦の月 ★★★★☆	朝日×海 ★★★☆☆
朝日×下弦の月 ★☆☆☆☆	朝日×朝日 ★★★★☆
朝日×新月 ★★★★☆	朝日×真昼 ★★★★☆
朝日×空 ★☆☆☆☆	朝日×夕焼け ★★☆☆☆
朝日×山脈 ★★★★☆	朝日×深夜 ★★☆☆☆

真昼

自由主義な行動派

基本性格

穏やかそうに見えますが、物事を先取りする直感やスピード感があり、考えるより先に行動する人。好き嫌いをハッキリと主張し、何事にも直球で短期決戦を好みます。いったん相手を信頼すると急激に距離を縮め、友達の輪をどんどん広げるなど、人との縁で自分を発展させられるタイプです。

真昼のトリセツ

⬆好きなこと・喜ぶこと

- 冒険や海外旅行
- 「さすが!」という言葉
- ベタなセリフ
- 自分に従ってくれる
- 高級品やブランド
- 努力する自分

⬇嫌がること・ストレスになること

- 自分のペースを崩される
- 待たされること
- 長期戦
- 優柔不断な人
- 細かく聞いてくる人
- 予定を把握されること

2024年の開運のカギ

やるといいこと 日常に運動を取り入れた健康な体づくり

気をつけるべきこと 感情的にならない。戦わない

2024年の開運相性

恋愛運を上げる天星	仕事運をのばす天星	金運をのばす天星
真昼×海	真昼×上弦の月	真昼×下弦の月

基本の開運色
橙色

2024年の開運色
茶色

2024年の開運アイテム
メガネ
サングラス

2024年の開運スポット
鳥の鳴き声が聞こえる場所

天星タイプ別 基本の相性

組み合わせ	相性	組み合わせ	相性
真昼×満月	★★☆☆☆	真昼×大陸	★★☆☆☆
真昼×上弦の月	★★★★☆	真昼×海	★★★☆☆
真昼×下弦の月	★★★☆☆	真昼×朝日	★★★★☆
真昼×新月	★★★☆☆	真昼×真昼	★☆☆☆☆
真昼×空	★★★★★	真昼×夕焼け	★★☆☆☆
真昼×山脈	★★★★☆	真昼×深夜	★★☆☆☆

夕焼け

悠然としている頑張り屋さん

基本性格

強い信念をもち、一度目標を決めると秘めたパワーで突き進み、頑張る姿を人に見せたがらない、コツコツマイペースな陰の努力家です。壁があるように見えますが、意外と単純。要領がよく、根拠のない自信をもち合わせています。思考は論理的。実は打たれ弱く、少し短気な面も。好き嫌いがわかりやすい人です。

夕焼けのトリセツ

⬆好きなこと・喜ぶこと

- 包容力のある人に包まれる
- 得意なことをほめられる
- 過去の栄光への称賛
- 自分を好きな仲間といる
- 刺激を得ること
- マッサージ

⬇嫌がること・ストレスになること

- バカにされること
- 高圧的な態度や発言
- 自分を否定する人
- 不安にさせる言葉
- パーソナルスペースに入られること
- ダメ出し

2024年の開運のカギ

やるといいこと	家の中を整理し居心地のよい空間に
気をつけるべきこと	連絡は即レスを心がけ、溜めない

2024年の開運相性

恋愛運を上げる天星	仕事運をのばす天星	金運をのばす天星
夕焼け × 大陸	夕焼け × 新月	夕焼け × 満月

基本の開運色
桜色

2024年の開運色
紫

2024年の開運アイテム
お香

2024年の開運スポット
懐かしさを感じる場所

天星タイプ別 基本の相性

夕焼け × 満月	★★★☆☆
夕焼け × 上弦の月	★★☆☆☆
夕焼け × 下弦の月	★★★☆☆
夕焼け × 新月	★☆☆☆☆
夕焼け × 空	★★☆☆☆
夕焼け × 山脈	★★★★☆
夕焼け × 大陸	★★★★☆
夕焼け × 海	★★★★☆
夕焼け × 朝日	★★☆☆☆
夕焼け × 真昼	★★☆☆☆
夕焼け × 夕焼け	★★★★☆
夕焼け × 深夜	★★★★★

深夜

束縛を嫌う個性豊かな変わり者

CHARACTER KEYWORD

- 独創性豊かな星
- 個性たっぷりの星
- ユニークな星
- 自由が好きな星
- あまのじゃくの星

基本性格

独特の感性や個性をもち、不思議な雰囲気をまとっています。自分のペースや世界を大切にし、我が道を進むタイプで、本当に好きなことは納得いくまでレベルを上げる頑張り屋。意地っ張りな面もあり、なかなか本心を伝えることができませんが、理解してくれる相手には深い愛情を注ぎます。

深夜のトリセツ

⬆好きなこと・喜ぶこと

- 自分だけの時間と空間
- パワースポット巡りの旅
- 楽しい毎日を送ること
- 本能に従って生きること
- うまく立ててもらうこと
- 休息をとること

⬇嫌がること・ストレスになること

- 根掘り葉掘り聞かれること
- 無駄なこと
- 状況を説明すること
- 偉そうな態度や人
- 束縛されること
- やりたいことを阻まれる

2024年の開運のカギ

やるといいこと	やりたいことリストを作る
気をつけるべきこと	紛失注意。データはバックアップを

2024年の開運相性

恋愛運を上げる天星	仕事運をのばす天星	金運をのばす天星
深夜×新月	深夜×深夜	深夜×海

基本の開運色
茶色

2024年の開運色
緑

2024年の開運アイテム
ブレスレット

2024年の開運スポット
温泉地

天星タイプ別 基本の相性

深夜×満月 ★★☆☆☆	深夜×大陸 ★★★☆☆
深夜×上弦の月 ★★★★☆	深夜×海 ★★★☆☆
深夜×下弦の月 ★★★★★	深夜×朝日 ★★★★☆
深夜×新月 ★★☆☆☆	深夜×真昼 ★☆☆☆☆
深夜×空 ★★★☆☆	深夜×夕焼け ★★★☆☆
深夜×山脈 ★★★★☆	深夜×深夜 ★★★☆☆

★★★天星別 特徴

RANKING

誘惑に弱い天星ベスト3

★1位★
空
誘惑したりされたり、流されやすく、ミーハー気質で、欲に負けやすい傾向あり。

★2位★
大陸
情にもろく、押しにも弱め。基本的には好きな人としか一緒にいたくないタイプ。

★3位★
上弦の月・山脈
錯覚が入りやすく騙されやすい上弦の月と、楽しくなるとワクワクが止められない山脈。

考えすぎてしまう天星ベスト3

★1位★
満月
自分に自信がなく、実は気にしい。大丈夫かどうか些細な言動に敏感に反応し、スローダウン。

★2位★
上弦の月
一度気になると、解決するまでモヤモヤ考え、こんがらがって、我慢しすぎて体調ダウン。

★3位★
新月・真昼・深夜
妄想モードで心が弱りやすい新月。考える方向がズレやすい真昼。生きづらさを感じる深夜。

ケチな天星ベスト3

★1位★
山脈
節約家で貯金が趣味。人にはお金を使いたくないが、自分の欲しいものには投資。

★2位★
深夜
合理性を考えて基本ワリカン。誰かのために使う概念はないが、自分に利があるなら惜しみなく使う。

★3位★
夕焼け
お金には細かく現実的。損得勘定が敏感に働く。自分のためだと金銭感覚が疎くなりがち。

ランキング ★★★

人を信用しない天星ベスト3

★1位★
海
基本的に自分を守る。人は全員嘘つき、裏切ると過去の経験から決めつけていて、警戒している。

★2位★
新月
直感でピンとこなければ心を開かない。相手を警戒し、いろんな角度から探る。会話する時間次第。

★3位★
下弦の月・大陸
どちらも人は好き。上辺を合わせじっくり吟味する下弦の月。熱く語り価値観の一致で深まる大陸。

不安にさせてはいけない天星ベスト3

★1位★
新月
ネガティブスイッチあり。実はカマチョさんタイプ。何もかも嫌になると、殻に閉じこもる傾向が。

★2位★
夕焼け
強がっていても実は心配性。常に不安あり。空回りすると余裕がなくなり不満爆発。

★3位★
上弦の月・下弦の月
安心しないと落ち着かない上弦の月。不安から不満になりシャットダウンして逃げたくなる下弦の月。

見栄っ張りな天星ベスト3

★1位★
朝日
ついつい大人のふりをしてカッコつけがち。余裕がなくても後輩には自分のおかげだと演出。

★2位★
空
自分をよく見せるために無意識に取り繕ってしまい、持ち物や人脈でもちょっと自慢しがち。

★3位★
下弦の月・真昼
憧れられたい下弦の月、先取りしすぎな真昼、どちらも高級や一流といったステータスに弱め。

EPILOGUE

★ おわりに ★

最後まで読んでいただき、ありがとうございます。

今年、今月、今日
“今”がどんな流れ《リズム》なのかを描いた

―天星術第四ステージ―
『星ひとみの天星術2024』いかがでしたでしょうか。

天星、天星ナンバー、様々な性質
沢山の星と、光と影。

本書を通じて、今この瞬間を知る。

自分の知らない側面に気づいたならば
すべてはチャンスに変わります。

『運命は変えられる』
私はそう信じています。

今の自分はどんな流れにあるのか
今は何をするのがベストなのか。

「天星術」を知り、運気のリズムに乗れば、あなたが描いた未来に
たくさんの笑顔が舞い込んできます。

2024年という1年、そしてこの1日を、
どう過ごしていこうかと悩んだとき、
迷ったときに、そっと開き参考にしてみてください。

「天星術占い、それは人生の道しるべ」

影の時期でも大丈夫。
決して怖がらず、
間違えたっていいんです。
間違えたからこそ見える世界もある。

雨が降るなら傘を持って
雪が降るなら装備ができる
あなたの歩む道のり
どんな地図も描いてゆけます。

今年1年の
あなたの人生に訪れる“光と影”。
本書から読みとり、どう感じ、どう捉えるか。

どんな瞬間も、
たとえ今見える景色がどんな世界でも、
あなたが生きているこの1秒は
これからの人生で一度しか見られない景色となる。

EPILOGUE

運気は、世界は、刻々と変わっていきます。
限られた生命、限られた時間。

あなたは
誰と過ごしたいですか？
何をしたいですか？

できることならば、皆様一人ひとりにお会いしたい気持ちですが
私が今、皆様のためにできることは何か
できる限りのエネルギーを皆様に届けられるように

たくさんの方々に光が届くように願いを込め、
各天星、天星ナンバーごと、赤白と一人ひとりの皆様に、
さらに深く届くよう、
細かく書かせていただきました。

本書を通じて、少しでも皆様の
お手伝いができたのなら幸いです。

ゆっくり深呼吸し
心を落ち着かせて。

小さな光を感じられるように
今あるすべてに感謝を。

あなたは幸せになれる人。

2024年

もう一度自分を信じ
もう一度幸せの選択を。

「天星術」

いつも心のそばに。
今年もあなたのお守りに。

皆様が少しでも素晴らしい1年を送れるよう
お祈りいたします。

あなたは“大丈夫”

それではまたお会いしましょう。

2023年 10月吉日　星ひとみ

STAFF

編集協力
高橋尚子
［KWC］
安井桃子、杉本真理、長谷和希子、
阿部雅美、梶原知恵、西島 恵

アートディレクション
松浦周作
[mashroom design]

ブックデザイン
石澤 縁
[mashroom design]

イラスト
miya

企画協力
中込圭介
［Gオフィス］

Star Eyes

本書カレンダー記載の祝日・休日は2023年10月現在のものです。
法律の改正等により変更になる場合があります。

PROFILE

星ひとみ

（ほし・ひとみ）

占い師。巫女の血筋をもつ家系に生まれる。東洋占星術や統計学、心理学などをもとにしたオリジナル運勢鑑定法「天星術」の開祖である。生まれながらの力と経験による知識から導き出す鑑定は圧倒的な的中率で人気を集め、各界に多くのファンをもつ。著書に『星ひとみの天星術』（小社）、『星ひとみの天星術超図鑑』『運気を金にする　幸せ上手さん習慣GOLD』（ともに小学館）などがある。

星ひとみオフィシャルブログ「Star Eye's」

星ひとみInstagram

@hoshi_hitomi722

星ひとみ事務局Instagram

@hoshi_hitomi_staff

StarEyes×YAMASAN

星ひとみの天星術2024
満月〈月グループ〉

2023年10月25日　第1刷発行

著者　星ひとみ
発行人　見城 徹
編集人　菊地朱雅子
編集者　有馬大樹　三宅花奈　茂木 梓

発行所　株式会社 幻冬舎
〒151-0051
東京都渋谷区千駄ヶ谷4-9-7
電話 03(5411)6211[編集]
03(5411)6222[営業]

公式HP https://www.gentosha.co.jp/

印刷・製本所　中央精版印刷株式会社

検印廃止

Printed in Japan
ISBN978-4-344-04172-1 C0095

この本に関するご意見・ご感想は、
下記アンケートフォームからお寄せください。
https://www.gentosha.co.jp/e/